HELLO, DESIGN

日本人とデザイン

Shunsuke Ishikawa
石川俊祐

NEWS PICKS × GENTOSHA 幻冬舎
NEWSPICKS BOOK

HELLO, DESIGN 日本人とデザイン

序章

誤解だらけのデザイン思考

「デザイン思考」は誰のもの？

デザイン思考は、ビジネス用語の中でもっとも「誤解」されやすい言葉だ。ぼくは常々そう感じています。

コモディティ化、シンギュラリティ、アライアンス、ＫＰＩ、コンバージョン……。これらは、「デザイン思考」より、一見して意味がわかりづらい言葉です。だから、これらにはじめて触れたとき、ぼくたちはなんの先入観も持たず、理解に努めようとします。つまり、いきなり「誤解」することはありません。

ところが、本書のテーマである「デザイン思考」はちょっと違います。「デザイン」にしろ「思考」にしろ、言葉として馴染みがある。だから、それら2つを組み合わせた「デザイン思考」という言葉も、なんとなく意味がわかった気になる。ビジネスシーンにも、だいぶ浸透してきて、最先端のＩＴ企業がこぞって取り入れているのも聞いたことがある。でも、「一言で説明して」と言われたら、答えに窮してしまう――そんな人が少なくないのではないかとぼくは思うのです。

いま本書を手に取られているみなさんの中にも、まだまだ次のように捉えている方がいらっしゃるのではないでしょうか？

「モノづくりに使う思考法でしょ？」

「いわゆる『クリエイティブ系』の人のものでしょ？」

「これからの時代、機能よりもデザインが大事、という話でしょ？」

しかも、デザイン思考は「GoogleやApple、サムスンでも採用されている手法」といった文脈で紹介されることも多いから、またややこしい。「イノベーションをもたらし、世界を変えるために必要な思考法」という言葉に「引いて」しまう人も少なくありません。

創造性に富んだ先進的なエクセレントカンパニー、もしくはキラキラ輝くベンチャー企業で働く人だけ知っておけばいい思考法だと、さらに誤解されたりするんですね。自分には関係ないしどうせ使いこなせない、と。

このように誤解の余地にあふれているのが「デザイン思考」なのです。

しかし、本当のデザイン思考は「クリエイティブ系」で働く一部の人のためのものでも、エクセレントカンパニーやベンチャー企業で働く人だけのものでもありません。もちろん、色やかたちといった、一般的な「デザイン」に関する話でもありません。

これからの社会を——もはやロジックだけでは正解を導き出せない時代を生きるすべてのビジネスパーソンに必須の、「思考のメソッド」です。

では、どんなメソッドなのか。

トップデザイナーたちが実践している思考法を抽出し、理論化し、それぞれの仕事（企業経営や商品開発はもちろん、営業やマーケティングに至るまで）に転用することによって、これまで誰も思い浮かばなかった、優れた答えを導き出す——。これが、デザイン思考の大枠です。

と、このような説明だと、さらにこむずかしく聞こえるかもしれませんね。

もっと簡単に言えば、非デザイナーのあなたに「トップデザイナーの目玉と脳みそ」を開放るメソッドが、デザイン思考なのです。

百聞は一見にしかず。

まずは、実際にぼくがデザインコンサルティングファームのＩＤＥＯ《アイディオ》で手がけた、デザイン思考を象徴するプロジェクトを紹介しましょう。

保険加入を検討している人が、「本当に」求めていたもの

ぼくたちが依頼されたのは、とある自動車保険のリデザイン（新サービス・体験の開発）でした。

自動車保険は、普段は鳴りを潜めていて、その存在を意識するのは更新のときと事故を起こしたときのみという特性を持っています。しかも、受けられる補償に関しては各社でしのぎを削り、だいたい似通っている。オペレーターの親切さやターゲットの年齢などでなんとか差別化を図り、イメージ戦略のためテレビＣＭを打つ。それが業界の常識でした。

そんな自動車保険をどうリデザインすれば、まったくあたらしい価値を提供できるのか——。質問を変えるので、みなさんもちょっと考えてみてください。自動車保険に加入するユーザーが本当に求めている「願い」とは、いったいなんだと思いますか？　補償内容の充実？　加入プランのわかりやすさ？　それともやっぱり、掛け金の安さ？

後述するデザイン思考のメソッドを使いていねいに読み解いていくと、ものすごくぼんやりとした、けれど多くの人が持っている「願い」が見えてきました。

それが、「事故が起こったとき、1秒でも早くスーパーマンに駆けつけてほしい」という願い。

対物事故であれ対人事故であれ、いざというとき一人で冷静にいられる自信がない。だから、少しでも早く誰かに――「仲間に」助けに来てほしい、と。

リサーチ結果から、ほとんどの人は「自分だけは事故を起こさない」と思っていることがわかりました。運転技術には自信を持っているし、まさか自分だけはそんなヘマは起こさないだろう。そう高をくくっているんですね。

しかし、そうだからこそ、いざ事故を起こしたときにパニックになってしまうと容易に想像できるのです。一人で運転しているときに、交通量の多い道路で事故を起こしてほかの車の迷惑になったら。相手にケガをさせてしまったら。警察に詰め寄られたら。……とても平常心ではいられない。電話でのフォローだけでは心許ないぞ、と。

「自動車保険を検討している人たちが求めているのは、わずかな差額ではなく『リアルな安心』なんじゃないか?」

「じゃあ、どうすれば事故のときはもちろん、普段から安心を感じられるだろう?」

こうした問いを立て、チームで多数のアイデアを出しデザインしたのは「お守りボタン」でした。ポチッと押したらすぐにスーパーマン……ではなく警備会社の担当者が駆けつけてくれる、魔法のボタン。

魔法と言っても仕組みはシンプルで、ボタンを押すとスマホのアプリが起動し、自動的に警備会社に連絡が飛ぶ、というアイデアです。さらに保険会社にも契約内容と現在地が伝わり、そのまま担当者とつながれるようにもなっている。もちろん証書の番号などは不要です。ただ「ボタンを押す」ワンアクションさえこなせば、事故処理のスペシャリストが駆けつけてくれる。自分のことをよく知る味方と話すことができる。この安心感は、いざというときのユーザーのストレスを大きく緩和します。また、「触《さわ》れないサービス」である保険を「触れるかたち」にデザインしたことで、事故を起こす前の「お守り」のような存在にもなれるというわけです。

ここでデザインしたのは、ただのモノ（ボタン）ではありません。人々の無意識下にある欲求を探り当てることによって、自動車保険のあたらしいサービスのあり方をデザインしたのです。このプロジェクトに要した時間は、たったの3か月でした。

改善や差別化といった「地続き」のアイデアではなく、他の人がなかなか思いつかないような「飛び石」のアイデアを、社会の変化のスピードに負けずに生み出せる。その結果、あたらしい未来を描く。

これが、デザイン思考でできることです。

つまり、なにかしらの課題を抱え、現状をブレイクスルーしたいと考えるすべての人が活用できる思考法なんですね。「クリエイティブ系」やイケてる一部のビジネスパーソンのためのツールではないことを、わかっていただけましたか？

デザイナーの「目玉」と「脳みそ」と「マインド」を拝借する思考法？

繰り返しになりますが、デザイン思考はデザイナーのセンスやテクニックを学ぶものではありません。あくまで学ぶのはデザイナーのものの見方であり、考え方。優れたデザイナーたちは、デザインするときにどこを見てなにを考え、どうやって解くべき課題を見つけ出し、どうやってそれを解決していくのか。そんな「目玉」と「脳みそ」の話なのです。

ここでひとつ、疑問が生じたかもしれません。

「トップデザイナーの『目玉や脳みそ』をモデル化してなぞることなんて、可能なの？」

その難題に正面から挑み、大きな成功をおさめているのがＩＤＥＯという組織。ぼくが２０１７年まで所属していた企業で、デザイン思考の生みの親でもあります。

かつて「世界でもっともイノベーティブな企業」にも選ばれたことがあるＩＤＥＯは、青空の美しいカリフォルニア州に本社を置き、日本を含めグローバルにオフィスを展開しているコンサルティングファームです。

しかし、ただのコンサルと違うのは、「デザイン」コンサルティングファームだということ。デザインと言っても、建物やインテリアといったモノ、パッケージのビジュアルを「おしゃれな感じに整えるコンサル」ではありません。デザイン思考を用いて大企業からベンチャー企業、公的機関などとともに、さまざまなイノベーションを起こしている企業です。

ふつうのコンサルでは導き出せない「あっ」と驚く商品やサービスを世に出し、未来を変えてきた。いわば、ＩＤＥＯは「デザイン思考家集団」と言えるでしょう。

ＩＤＥＯの歴史をごく簡単に辿ると、創業者の一人、デビッド・ケリーがガレージで開いたデザイン会社がその前身です（１９９１年に３つのデザイン会社が合併してＩＤＥＯが誕生します）。若かりしころのスティーブ・ジョブズが初代マッキントッシュのマウスのデザインを依頼したことでも知られるように、はじめはプロダクトエンジニアリングを事業の中心に据えていました。

しかし、２０００年代に入り、ＩＤＥＯは大きな転機を迎えます。モノづくりの生産拠点は人件費が安い中国などの国外へ移り、アメリカをはじめとする先進国に「サービス化」の波がやってきた。ハードなモノでなく、アプリの開発やその運用、コンサルといった「サービス」をビジネスの柱に転換する企業が増えはじめたのです。

そんなあたらしい時代を迎え、あらゆる業種業態の企業からＩＤＥＯに相談が寄せられるようになりました。

「目には見えないサービスを提供する上で、ユーザーの心をどう捉えればいいのか？」

「ビジネスをどうデザイン（設計）すればいいのか？」

その中でデビッドらは、ＩＤＥＯのデザイナーがアイデアを生み出す際に用いている思考メソッドが、どんな分野にも使えることに気づきます。

そこで「ビジネスデザイン」という領域に踏み込み、自分たちの思考メソッドを概念化。「デザイン思考」というメソッドをつくり出しました。

このメソッドは、モノやサービスを生み出す仕事に就いているビジネスパーソンに熱烈に支持されました。それだけでなく、これまでデザインやクリエイティブとは無縁のように思われていた業種の人、Ｂ ｔｏ Ｂビジネスに携わる人、ＮＰＯや行政にまで活用できることから、またたく間に世界中に広がっていったのです。

デザイン思考のポテンシャルだらけの日本人

グローバルにオフィスを展開していったＩＤＥＯは２０１１年、日本に進出します。その東京オフィスの発起人であるSungene Ryang《サンジンリャン》に声をかけられ、立ち上げメンバーの一人として奔走したのが、ぼく、石川俊祐です。実際には、ＩＤＥＯの東京オフィスが立ち上がった当時は、まだロンドンのデザイン・イノベーション・コンサルティング会社ＰＤＤに所属していましたが、２０１３年からは本格的にＩＤＥＯの仕事をスタートさせました。

ぼくはキャリアを通して一貫してデザインに携わり、デザイン思考を使い、イノベーションを起こすお手伝いをしてきました。同時に、「日本人に本当のデザインを知ってほしい」という強い思いを抱き続けてきた。本書はぼくにとってその集大成とも言えます。

ただし、デザイン思考そのものについては、それこそＩＤＥＯ創業者であるデビッド・ケリーや現ＣＥＯであるティム・ブラウンの著作もあります。本書を読み、もっと深くデザイン思考を学びたいという方はぜひそちらも参考にしてください。

では、なぜぼくが本書を書こうと思ったのか?

ぼくがもっとも訴えたいのは、「日本人にとってのデザイン思考」です。

先ほどお話ししたとおり、日本では「デザイン」という言葉ひとつとっても正しく認識されていません。デザイナーの存在感も、ビジネスにおいてはまだまだ小さい。

しかしそんな日本人にとってのデザイン思考は、「現時点では圧倒的に不足しているけれど、無尽蔵のポテンシャルを持っているもの」と言えます。

なぜ無尽蔵かと言えば、日本社会は、デザイン思考発祥の地であるアメリカよりも、ずっとデザイン思考と相性がいい文化を持っているから。……いや、相性がいいどころじゃなく、数百年単位で「デザイン思考そのもの」と言える文化が脈々と続いていて、みなさんはそれを幼いころから浴び続けているからです。いわば、ベースの思考回路が「デザイン思考向き」。日本人がなぜデザイン思考を発明しなかったのかと、悔しく思えるほどです。

本当のデザインを知り、本当のデザイン思考を身につければ、みなさんの考え方や発想の質、もっと言えば「生き方」も劇的に変化します。そしてみなさんが変われば企業文化も変容する。やがては、日本社会全体が変わっていくはずです。

そのはじめの一歩として必要なのは、自分たちの「デザイン思考家」としてのポテンシャルに気づき、自信を取り戻すこと。いまこうして日本語で書かれた本書を読んでいるすべての人にそのポテンシャルがあることは、ぼくが保証します。本書を読み終わったとき、「デザイナー的視点」を持ちはじめていることに、自分でも気づけるはずです。

ここから、「デザイン思考家」への一歩を踏み出しましょう。

まずはよく耳にする割に深く理解できていない言葉、「デザイン」について、みなさんと前提を共有していきたいと思います。

目次

HELLO, DESIGN 日本人とデザイン

第2章 デザイン思考のマインドセット——49

第3章 デザイン思考 4つのプロセス

第1章

すべての人は「デザイナー」である

「デザイン」の持つ本当の意味とは?

序章では「デザイン思考」がいかに誤解されがちかお話ししました。デザイン思考はクリエイティブな仕事に携わる人だけのものではない。とてつもないスピードで変化していく社会を生きる、すべてのビジネスパーソンにとって役立つメソッドなのだ、とも。

さて、ここからは本書の大前提となる「デザイン」という言葉、そして「デザイナー」の仕事について考えていきましょう。というのも、「デザイン」「デザイナー」への理解がとぼしいままでは、デザイン思考を本質的に理解し、実践することなど不可能だから。そして残念ながら、ほとんどの人が正しく理解できていないのが「デザイン」だからです。

2000年代に入り、IDEO発のアプローチ「デザイン思考」はイノベーションを起こす思考法として世界中に広がっていきました。ところが他国に比べ、日本はこの概念を正しく受け入れるのに時間がかかりました。なぜか。そもそもの「デザイン」という言葉の受け取り方が、欧米諸国とは違っていたからです。

日本語で使われる「デザイン」は、言わずもがな英語の「design」から来ています。日本語では名詞として「図案、意匠」といった意味で使われるため、この言葉を目にしたとき自動的に色やかたちをイメージする人が大多数でしょう。だから、日本人は「デザイン思考」と言われてもピンと来なかった。「デザイナーズマンション」という言葉と「デザイン思考」という言葉が頭の中で両立しなかったんですね。

一方で、英語の「デザイン」は動詞でもあります。その意味は、「設計する」「企てる」「目論む」。つまりデザインという言葉は、もともと「アイデアを考える、企てる」といったニュアンスを持っているわけです（ですから英語圏の方は、「デザイン×思考」の言葉の組み合わせにまったく違和感がなかったことでしょう）。

色やかたちといったビジュアル。アート。おしゃれっぽさ。これら「名詞的」なイメージは、デザインが持つ意味のごく一部分です。

実際、ここ数年は、ビジネスの文脈でも「キャリアデザイン」「生活デザイン」「サービスデザイン」といった言葉を目にすることが増えてきていますよね？

しかし、「ビジネスプラン」と「ビジネスデザイン」がどう違うのかをきちんと説明できる人は、少ないかもしれません。あたらしい概念に見せるため――言ってしまえば「商売にするため」につくられた言葉のように感じている方もいるでしょう。

もちろんそれは誤解です。先ほどご説明したとおり、言葉が本来の意味を取り戻しているわけで、ただの事業計画は「ビジネスプラン」、未来を描いた仕事の企てが「ビジネスデザイン」なのです。

「design」が意味するように、「アイデアを考え、企てる人」をデザイナーと呼ぶのであれば、すべてのビジネスパーソンはデザイナーであるべきだ、とぼくは考えています。

では、デザイナーとして、ぼくたちはどんな「デザイン」をしていけばいいのでしょうか？

その輪郭を浮き上がらせるため、まずは「デザイン」と混同されがちながらまったく違うもの――「アート」と比較してみたいと思います。

アートとデザインの違い

アートの最も大きな特徴は、「自己表現」です。アーティストの内から湧き出る衝動やインスピレーションを、絵画や音楽、オブジェなどのかたちにしたもの、と言えるでしょう（マルセル・デュシャンの「泉」など、アートというものに疑問を投げかける作品もまた現代アートとして存在しますが、ややこしくなるのでここでは割愛します）。

ポイントは、その作品にアーティストの主張があり、「伝えたい！」という強い思いが込められていること。受け手側がほしいものから逆算して考えることは少ない点です。

たとえば、中国政府とたびたび衝突していることでも有名な現代アーティストのアイ・ウェイウェイ。

彼の「ひまわりの種」という作品は、磁器でつくられた大量のひまわりの種を観客が踏みつけるインスタレーションアート（空間全体をアートとする表現手法）です。ひまわりの種は饑饉《ききん》の際の食料を表現し、「踏みつける＝圧政に苦しむ」というメッセージを含んでいると言われています（ちなみに、同作品は磁器の破片を踏んだときに出る大量のほこりを吸い込むことが健康被害につながるということで、途中から作品内への立ち入りが禁止になってしまいました）。

これらの作品は、中国国民に対して新たな気づきやひらめきを与え、世界中に大きな反響を呼び起こしました。ただ、彼の狙いはおそらく、社会課題を直接的に解決することではなく、あくまで自己表現を通して、多くの人たちをインスパイアすることにあったと考えられます。

一方でデザインの根底にある考え方は、人々の心や行動の変化から、そこにある潜在的な課題や願望を読み解き、あるべき姿をかたちにすることです。

じつは、デザインの本質は「課題の発見とその解決」にあります。「人が持っている課題の本質を見つけ、その上でそれを解決するための新しいモノ、体験、システムなどをつくり出すこと」がデザインのもっともベースとなる概念なのです。

ですから、もしなにか欠けているものがあり、よりよくする余地があるならば、誰にだってデザインできるのです。

世の中の不便を見つけ、それを解決するためにベンチャー企業を立ち上げるのもデザイン。お客様の不満を見つけ、より快適に過ごせるよう「おもてなし」を提供するのもデザイン。こうして本を書くことだって、デザインと言えるでしょう。なぜなら、ぼくが本を書いているのは、「多くの人が『デザイン思考』を誤解している」「デザインが日本人にとって遠い存在である」という日本のビジネスが抱える「課題」を見つけ、それを言語化することによって「解決」したいと思ったからです。

デザインは、老若男女、誰もが武器にできるものです。

たとえば、ぼくがはじめて「デザインした」のは5歳のとき。とても暑い夏の日、家に来た汗だくの郵便局員さんに「はい、どうぞ」と冷たい氷水を差し出したことです。親に言われたわけでもなく、自分で観察し、水に氷を入れたコップを差し出したあのときが、間違いなくぼくのデザインの原点でした。

顔を赤くし、シャツをびっしょり濡らしている郵便局員さんを観察し、「喉が渇いている」という課題を見つけた。そして、その課題を「氷で冷えた水を渡す」ことで解決しようと企てた。そうして、「爽快な体験」を提供したのですから。

デザインは「クリエイティブ系」の人のものではない

ぼくはアートもデザインも大好きですが、これまでお話ししてきたようにそのいちばんの違いは出発点にあります。アートは「自分の衝動」から、デザインは「人が抱える課題」からはじまることが多いのです。

ぼくがこうした違いを意識しはじめたのは、イギリスでフリーランスのデザイナーとして活動していたときのことです。自分でデザインしたプロダクトを自分でつくり、直接店舗に売り込む「デザイナーズ・メーカー」と呼ばれるやり方がちょうど盛り上がっていたときで、ぼくもその波に乗っていました。

インテリアを中心としたプロダクトをデザインし、ショップに売り込んだり、展示会に出品したり、企業に商品化してもらえないかプレゼンしたり……。クライアントからの受注仕事ではなく、自分の思うとおりに作品をデザインして、ロイヤリティーで生活できるようになる。このスタイルはとても魅力的なものでした。

というのもじつは、ぼくはこのとき「アート志向」。いま以上に自己表現欲が強かったんです。

ところが実際にプロダクトをデザインしていくうちに、どうも自分はアーティストとは違うらしいと気づきはじめます。

モノをつくる前は、「世の中にこういうものがあったらいいんじゃないか?」「人はどんなことで困ってるんだろう?」といった視点から入る。「こうしたらもっと便利に生活できるはずだ」「このムダをなくせないだろうか」と、人との接点を意識したデザインに自然と寄っていく。その視点が評価され、コンペで賞をいただくことも増えていきました。

純粋に、自己表現としてのアートの道で才覚を発揮する人もいます。そういう人は、強烈な「つくりたい!」から入っていくでしょう。ただ、ぼくは「人によろこんでほしい」という思いが強かった。まさに郵便局員さんに氷水を差し出した、5歳児の自分と同じモチベーションでしかモノづくりができなかったんです。

「人がよろこぶ」ということは、(意識的にでも無意識的にでも)その人が抱えていた課題が解決されることです。そしてそれは、その人にとってあたらしい未来が拓かれるということ

と。これこそがデザインの役割だ、自分はアーティストではなくデザイナーなのだ、と気づかされたときでした。

ただしいまの時代は、このアーティストとデザイナーの境界線がかなり曖昧になってきています。その背景にはテクノロジーの加速度的な進化があります。

1990年代にインターネットが普及して以降、テクノロジーは日進月歩で革新を続けています。今や、インターネットを使えば誰もがメディアを立ち上げることができますし、自分のお店を開くことも、自分の家を宿泊所にすることも簡単にできます。

ぼくが審査員を務めたグッドデザイン賞2018で大賞を受賞した、「おてらおやつクラブ」がいい例です。お寺にお供えされるお菓子や果物、日用品などの「おそなえ」を仏さまからの「おさがり」として生活に困窮する家庭へ「おすそわけ」する活動で、賛同する寺院は全国1035寺、連携する支援団体は408団体（2009年2月現在）、毎月のべ約9000人もの子どもたちがおやつを受け取っています。

このすばらしい活動の驚くべき点のひとつは、一人の和尚さんが発起人であることでしょう。現在も代表を務める松嶋靖朗さんは、2013年に起こったある事件をきっかけに現代にも餓死する子どもがいることを知ります。そのショックからほとんど勢いで動きはじめたそうですが、結果的に多くのサポーターが集まり、たった数年でここまで大きな活動に成長したのです。

デザイナーでも起業家でもない人がつくったサービスが、デザインアワードの大賞を獲った。以前は選ばれし人や情報感度の高い人しか活用できなかったさまざまな技術が、あらゆる人にとって手に届くものになったことを示す、印象的なできごとだと思います。また、「こんなことをやりたい」と思いを発信しやすくなったことで、自分に技術がなくても技術を持っている人にサポートしてもらいやすくなったとも言えるでしょう。

テクノロジーのハードルが下がった結果、誰でもビジネスに参入できるようになりました。誰でもデザインできるようになったのです。だからこそ、そんな時代に人を動かすためには「課題」からはじまるデザイナー的な考え方に加え、「こういうものをつくりたい、こういう思いを伝えたい」というアーティスト的な衝動も大切になっていくでしょう。便利さだけでなく、その背景にある思いの強さも、人を動かす重要な要素になっていくからです。

これはあとで説明しますが、いま、ビジネスシーンで活躍しているデザイナーに共通している点は「優れた主観を持っていること」です。これまでお話ししてきたとおり、「自分はこう思う、こうしたい」というアーティストの考え方に近いのが主観です。これからの時代は、アーティスト的な主観を持ったハイブリッド的なデザイナーがますます活躍するようになっていくでしょう。

『2001年宇宙の旅』のサルは、デザインを手にした

ここでさらに、「デザイン」を深掘りしていきましょう。

デザインの起源は「道具」だ、とぼくは思っています。なぜなら道具の発明こそ、人が抱えていた問題を解決し、あたらしい未来をつくる行為だから。

スタンリー・キューブリック監督の『2001年宇宙の旅』をご存知でしょうか？　この映画の冒頭に、ある一匹のサルがそれまで石ころや小枝と同列のものだった骨を、はじめて「武器」として手にする（覚醒する）、とても印象的なシーンがあります。このシーン、サルもキッキッと興奮していますが、ぼくもはじめて見たときには「これこそがデザインだ！」と興奮してしまいました。

だって、「骨」にあらたな価値を与え、「武器」という道具にデザインしたことで、サルは「いままでとは違う未来」を手にしたのですから！

獲物を撲殺することも、食べ終わった獲物の骨を砕くことも、仲間同士で争うこともできるようになったサル。「彼以降」のサルたちは、それまでのサルとは一線を画す存在になったはずです。そう、あのサルはデザイナーなんですね。

これは、人間だって同じです。
「遠くにいる獲物に追いつけない」という課題から、弓矢をつくったデザイナー。
「土を耕すのが大変すぎる！」という課題から、鍬をつくったデザイナー。
「同時にたくさんの人に情報を伝えるには？」という課題から、印刷技術をつくったデザイナー。

誰かのデザインによって、人類はどんどん前に進んできました。そしてそのたびに、「うわあ、便利！」「もうこれなしでは過ごせない！」「本当に助かった！」というよろこびの声が生まれ、次第に「あって当たり前」になっていった。未来を企てるデザイナーによって、あらたな歴史がつくられていったのです。

歴史をぐっと近年に寄せると、スティーブ・ジョブズも間違いなく「デザイナー」でした。経営者やエンジニアではありません。もちろんアーティストでもありません。人類を前に進め、未来をつくったデザイナーだったのです。

ジョブズの有名なエピソードに、「生き物の運動効率リスト」の話があります。

彼はあるとき、人間を含めた地上のさまざまな動物の運動効率に関する研究の文献を読みました。同じ距離を移動するのにどれくらいのエネルギーが必要かリストであらわされていて、もっとも「省エネ」なのはコンドルだったそうです。

では我らが人間はどうかというと、リストの下から3分の1ほどに位置していて、ぱっとしない。しかし別の人が「自転車に乗った人間」の移動効率を計算してみたところ、なんと「コンドルの2倍」という結果が出たのです。

この事実が、なにを意味するか？　自転車という道具をデザインしたことによって、人間は移動能力を大きく拡張できたということです。

その結果を前に、ジョブズはこう考えました。

「自分にとってのコンピュータこそ、自転車だ。この道具によって知性を拡大することができるのだから」

自分がデザインするものによって、そしてテクノロジーによって、人間の知性を拡大する——これがApple製品のスタート地点です。

さて、実際に彼がデザインしたものによって、人間がどれだけ前に進んだか？「あたらしい未来」がつくられたか？

それは、iPhoneが発売された２００７年以前と現在の街の風景、ビジネスのあり方を比べてみれば明らかでしょう。

「あたらしい注射体験」をデザインする

ここまでお話ししたように、デザインと道具は切っても切り離せない関係にあります。しかし誤解してほしくないのが、「道具の発明」、すなわちモノづくり＝デザインではないこと。「モノ」や「コト」といったアウトプットありきではなく、目の前の「人」がなにを求めているかを探ることが、デザインのスタートだということです。

ぼくがそれに気づいたのは、新卒で入社したパナソニックを辞めたあと、イギリスのデザイン・イノベーション・コンサルティング会社、ＰＤＤで担当したあるプロジェクトがきっかけでした。これを経験したことで、「デザインとはなにか」が心の底から理解できたのです。

はじまりは、医療機器などを開発しているスイスのMerck Serono《メルク セローノ》という会社との、次のようなプロジェクトでした。

「難病にかかり、３６５日、毎日成長ホルモン剤を注射しなければならない子どもたちがいる。家族の誰かが注射器を持つと、子どもは泣き叫び、恐怖に震える。親子ともども大変な苦痛の時間となっている。なんとかできないだろうか?」

いったいどうすれば、子どもたちの苦痛の時間をなくすことができるか? この解決しがいのある問題に取り組むべく発足したプロジェクトに、ぼくも新しいラインアップのデザイナーとして参加することになったのです。

まずは、「プロジェクトによってなにを成さなければならないか」を考えるため、病気の子どもたちの家を訪ねます。毎日注射を打たなければならない子どもたちを観察し、インタビューを重ねていく。

すると、「子どもたちは注射の『すべて』を怖がっている」ことがわかってきました。「すべて」とはどういうことか。尖った針、薬液の量を示す目盛り、注射器を持った大人、ぷすりと肌を刺す感触、ゆっくり液体を押し込まれるその動き……注射器のかたち、それに付随する動作や人、すべてが恐怖につながっていたんです。これは言い換えれば、注射にまつわるすべてのモノ、動作に恐怖の「記号」が結びついているということでした。

話の本筋ではないのでごく簡潔に説明しますが、デザインにおける「記号」とは「人がそれまでの人生の中で身につけてきた、無意識の意味づけ」です。光沢のあるシルバーは「(貴金属のようで)高級感がある」。ポップな色のインテリアは「子どもがいる家」。毛皮のコートは「リッチ」……。みなさんも、考える間もなくこうした意味づけをするでしょう?

病院で注射器を見ただけで泣き出す子どもがいるのは、あのかたちに「恐怖」という意味づけがされているからなんですね。

さて、こうした子どもたちへのリサーチを経て、なによりも「恐怖を取り除くためのデザインをする」ことがテーマになりました。恐怖心を喚起させない、まったくあたらしい「注射体験」をデザインしよう、と。

そのためには、どのような注射器をつくればいいか。みなさんだったらどうしますか?

ちょっと考えてみてくださいね。

まず、ぼくたちは「注射という記号」をすべて取っ払うことからはじめました。

いわゆる注射器を想起させるようなかたち(針、透明な筒状のボディ、目盛りなど)を、徹底して取り除いていく。注射器をまったく連想させない、プラスチックのような質感の「箱型」をベースにすることにしました。

また、本体の背面にはお気に入りの写真や絵を入れられるようにするなど、カスタマイズできる仕様に。パーソナライズすることで、子どもに「自分のもの」という意識を持ってもらうためです。従来の注射器は、どうしたって「お医者さんのもの」ですよね。

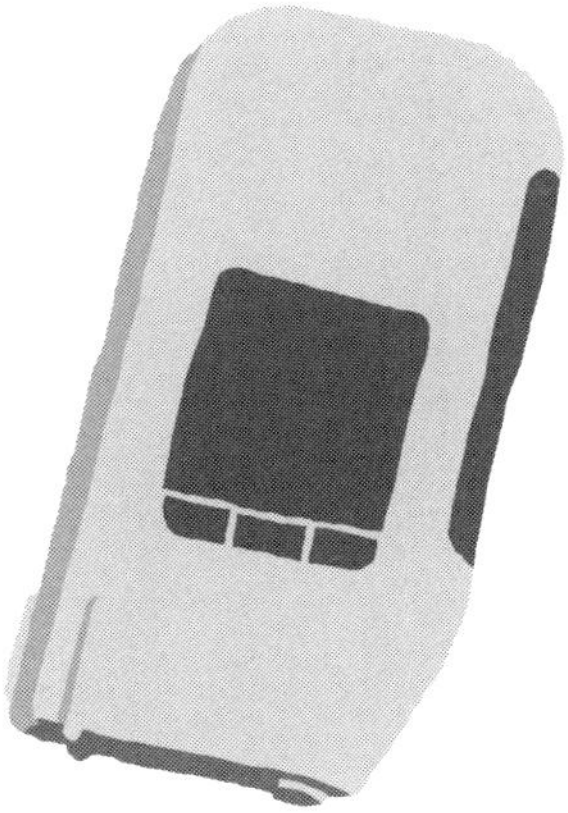

ただし、おもちゃのように見えてしまうと医療器具としての信頼性を損なってしまいますから、そのバランスには配慮しました。狙ったのは、「怖くないけどまじめ」なビジュアルです。

もちろん見た目だけではありません。「あたらしい注射体験」にこそ、このデザインの真髄があります。

ひとつ目が、これまでの「家族に針を刺され、ゆっくり押し込まれる」アクションを「自分でボタンを押す」に変えたこと。本体を皮膚に当て、ボタンを押すと本体から飛び出した針が刺さるような仕組みを発明しました。この仕組みだと、針が飛び出す部分は自分からは見えません。子どもたちも抵抗なく自分でボタンを押すことができるというわけです（心理学的にも、「恐怖の記号」が見えないだけで痛みが軽減できることは実証されています）。

さらに本体の画面からは、子どもたちが自分で「針の深さ」「針の刺さるスピード」「液の注入速度」を選ぶことができます。その画面を見ながら、家族と「どの深さがいちばん痛くなかった？」「真ん中の深さかな？」「じゃあ、これからはこの設定でやってみようね」とやりとりする。

……じつのところ、針の深さや刺さるスピードと痛みには、明確な相関関係はありません。しかしこれもまた、心理学的に、子どもたちが「自分で選んだぞ」と意識することで恐怖心や痛みを軽減できることが実証されているのです。

従来の注射器が持つ「記号」を徹底的に取り除き、心理学的に有効な「あたらしい注射体験」を取り入れる。

ぼくたちがデザインしたこの注射器は、医療関係者や子どもの親御さんから歓喜の声で迎え入れられました。子どもが泣き叫ぶ声と家族の苦痛の時間が、家の中から消えたのですから！

そしてもちろん、誰よりもよろこんだのは子ども自身です。人生から、痛みと恐怖が取り除かれた。そして、大げさに聞こえるかもしれませんが、「自分の人生は自分で選び取れる」という感覚に触れることもできたのです。

これは、アウトプットとしてはモノのデザインです。一見、従来の色やかたちに関するデザインのように思われるかもしれません。

しかし本質的には、造形の問題ではない。痛みと恐怖心を取り除き、あらたな注射体験をつくり出すところにデザインの肝がある。いわば、体験のデザインから入り、結果的にかたちあるものをつくったのです。

このプロジェクトは、ぼくにとっても大きな分岐点となりました。正直、それまではどうしてもプロダクトデザインへの思い入れが強かったのですが、モノにこだわらなくなった。

「人が抱える大きな課題を本質的に解決することができる」

――そんなデザインの奥深さ、そしてデザイナーであることのおもしろさにハマるきっかけとなったプロジェクトでした。

デザイナーとは、問いを設定し、その問いを解決する人である

ここまでアートや「道具」という補助線を用いながら、デザインの本質、そしてその役割についてお話ししてきました。きっと、みなさんがいままで触れてきたデザインの概念とは違ったものだったでしょう。

デザイナーは、日本では長らく「ビジュアルを整える人」のイメージを持たれていました。企画や戦略、販売計画などを経た、最後のアウトプットの部分のみに携わる人たち。「ビジネスのことはわからない感性の人たち」、と。

最近では、さすがにこうしたあからさまな「差別」を受けることは少なくなってきました。でも、「CEO（Chief Executive Officer）」「CFO（Chief Financial Officer）」と並んで「CDO（Chief Design Officer）」がいる会社は、まだまだ多くはありません（海外ではInstagramやAirbnb、Xiaomiなど、創業メンバーにデザインのバックグラウンドを持つ人がいるケースも増えています）。そもそも社内にデザイナーがいない、つまりデザインの仕事は必要なときに外注するものだ、と考える会社も多いでしょう。

しかし、ここまで読んでくださった方には、それは大きな、そして致命的な誤解だということがわかっていただけると思います。

世界的に言えば——そして本来は、デザイナーは「そもそもこのプロジェクトでは、誰のどのような課題を解決するか」という「問い（テーマ）」を考えるところから、実現可能なビジネスにしていくフェーズまで、プロジェクト全体に携わる人なのです。この定義はとても重要です。与えられた課題を解決するだけでは不十分で、課題そのものを設定するところから関わってこそ、本当の意味でのデザイナーと言えます。

デザイナーは、いつも人のことを考えています。

いつも、課題に対してどんなソリューションを提供できるか企てています。

そして、いつも「あたらしい未来」を想像しているんです。

たとえデザイナーという職種でなくても、これらの視点を持つ人はすべてデザイナー。ですから、IDEOのメンバーは総務であれエンジニアであれ、心理学者であれフードサイエンティストであれ、全員の肩書きに「デザイナー」という言葉がついています。デザイナーとは、職種の区分ではない。スタンスの問題なのです。

本書を読み終えたあと、みなさんもそれぞれの仕事の中で「デザイナー」になってほしい。そうぼくは願っています。

日本とイギリスを行き来してきたぼくが伝えたいこと

いま少しだけ肩書きの話に触れましたが、ＩＤＥＯでの肩書きで言えば、ぼくは「デザイン・ディレクター」でした。ほかのプロジェクトの方向性を決めるフェーズに関わったり、メンバーのメンターになったり。「ＩＤＥＯ　Ｔｏｋｙｏ」（東京オフィス）発のアウトプットの質を保証することが、仕事の半分くらいを占めていました。ＩＤＥＯの「デザイン思考家」たちを導く役割だった、と言っていいかもしれません。

そんなぼくが本書ではみなさんの案内役を務めていきますので、ここで簡単な自己紹介をさせてください。

ぼくは日本とイギリスで、デザイナーとしてキャリアを築いてきました。しかしまずお断りしたいのは、ごくふつうの家庭で、ごくふつうに育った少年だったということ。親がクリエイティブ系の仕事をしていたとか、家にアート作品がずらりと並んでいたとか、そういった特殊な環境で育ったわけではないのでご安心ください。

転機は18歳のとき。一度はまじめに受験して国内の大学に進学したものの、半年で中退。

「自分の手でなにかを生み出したい」と、いま思えば漠とした野望を持ってロンドンに渡り、デザインを学ぶためにロンドン芸術大学セントラル・セント・マーティンズに進学します。

在学中からプロダクトデザイナーとして活動していたぼくは、卒業間際にパナソニックの素敵なおじさまに声をかけていただき、日本に戻って採用試験を受けることに。一人だけカジュアルな服装で臨み、慌てた人事に父の背広を借りるよう申しつけられるというトラブルはありましたが、無事入社。オーディオ機器をはじめとした家電のデザインに、6年間従事しました。

その後ふたたびイギリスへ渡り、老舗のデザイン・イノベーション・コンサルティング会社のPDDに入社します。PDDには「デザイン思考」という名前こそありませんでしたが、アプローチはデザイン思考そのものでした。そこでヨーロッパやアジア諸国の企業だけでなく、日本企業をコンサルティングするチャンスに恵まれたのです。

ここで、ぼくは日本の「遅れ」に気づきます。

世界とのデザイン/デザイナーに対する認識の差は相当なものでした。2周、3周と遅れていた。デザインの概念を、ただ「色やかたちを美しく整えること」と捉えている会社が非常に多かった。

一方でお隣の韓国では、まだメジャーになる前のサムスンやLGが粛々と社内でデザイナーを育てていました。デザインの本質を理解し、莫大な投資をしていたのです。
「あ、これは、日本企業は近いうちに世界から置いてきぼりになるな。まずいな」
ぼくが抱いた危機感はその数年後、現実のものとなってしまいました。

そんな経験から生まれたのが、「日本のために仕事をしたい」というパッションでした。その思いに従い、大好きなイギリスに残るという選択肢を捨てて「ＩＤＥＯ Ｔｏｋｙｏ」設立に身を投じたのです。

ＩＤＥＯでは5年間、誰もが知るような大企業から中小企業、大学、公的機関とともに、あたらしいアイデアを考え続けてきました。携わった業界は金融や食品、教育、運輸など、多岐にわたります。同時に全国でワークショップを開催し、デザイン思考を広めてきました。

そして２０１７年にAnyTokyoの創始者、田中雅人とともに自分の会社「AnyProjects」を立ち上げます。２０１８年にＢＣＧ（ボストン・コンサルティング・グループ）の新規事業創出に特化したＢＣＧデジタルベンチャーズにもお声がけいただき、参画しました。

以上がぼくの略歴になります。本書で例に出せる案件はほんの少しですが、これまでぼくはデザイン思考を使い、たくさんの未来を描いてきました。

また、デザイン思考のワークショップを開く中で、日本のみなさんがどういったところでつまずきやすいのか、どういったメンタリティを持てばもっとデザイン思考が活用できるのか、学ぶところがたくさんありました。

これらの経験を投じて、本書ではデザイン思考の真髄をお伝えしていきたいと思います。

まずは、デザイン思考を実行するために必要なマインドセットから話をはじめましょう。

第2章

デザイン思考のマインドセット

あなたの主観こそが武器になる

みなさんが「優れたデザイナー」になるために必要な条件があるとしたら、いったいなんだと思いますか？

ここまで読んでくださった方なら、絵がうまいとかセンスがある、というレベルの話ではないことはおわかりだと思います。観察眼？　思いやり？　社会を見る目？　最新のテクノロジーをキャッチアップすること？

……もちろん「これがあればデザイナーになれる」といった魔法のスキルはありませんから、この問いにはたくさんの「正解」があります。みなさんが頭に思い浮かべた答えは、おそらくどれも必要な要素でしょう。

でも、ぼくがまずひとつだけ条件を挙げるとしたら、「自分の主観に自信を持っていること」。

自分の「おもしろい！」「つまらない」「素敵だなあ」「なんでだろう？」「おかしくない？」「引っかかる」「気になる」に蓋をせず、大切にできる人。それをもとにしたアイデアを、臆さず相手に伝えられる人です。

意外でしょうか？　でも、自分の主観を信じる力が強くない人は、どれだけ優秀なビジネスパーソンであっても優れたデザイナーにはなれません。「デザイン思考家」にはなれないのです。

なぜ、ぼくがあまたの要素の中でもとくに「主観」が大切だと考えているのか。そもそも、「主観を信じる」とはどういうことか。

デザイン思考の授業、まずはここからはじめたいと思います。

ディズニーランドもAmazonも、「自分がほしい！」からはじまった

「その意見は主観的なんだよね」

こういう言い方をされるとき、それはたいていネガティブな文脈においてではないでしょうか。周りのことが見えていない、自己中心的だ、感情的だ……。

ぼくたちは、とくに社会に出てからは「客観的であること」を訓練され続けてきました。

客観的なデータやアイデアは説得力を持ち、周りと共有でき、納得感も得られます。客観性のある人は、「賢い」「仕事ができる」「公平だ」といったイメージを持たれがちでしょう。

しかしぼくは、これからの世の中では「主観」こそが武器になると確信しています。たとえば、多くの人を熱狂させる製品やサービスは、たいてい一人の「自分がほしい！」という強烈な主観からはじまっています。

わかりやすいのが、ディズニーランド。創業者のウォルト・ディズニーは毎週のように、娘たちを動物園や遊園地に連れていっていたのですが、自分はベンチに座ってピーナッツを食べるだけだったそうです。そこで感じた「大人である自分も、娘たちと一緒に楽しめる場所がほしい」という思いが、現在のディズニーランドにつながっています。

また、Amazon創業者のジェフ・ベゾスがキンドルの開発に踏みきった動機は、「本をもっと簡単に手に入れられる世の中にしたい」でした。

アメリカは書籍の価格が日本よりも高めで、1冊30ドル以上する本がザラにあります。しかし彼は、「本の競争相手は別の本ではなく、ゲームやブログ、ウェブ記事となっていくだろう」と考えた。「いまのままでは、ほかの娯楽に対して本が選ばれなくなってしまう。出版文化を守るためにも、本を手に入れる環境を整えるべきだ」と。

そうして、紙の本よりも安価で、またどこでも手軽に購入できる仕組みとしてキンドルをつくり出したのです。

キンドルが目指す「どんな本でも、どんな発行者でも、どんな言語でも、60秒で本が手に入る世の中」は、ベゾスの「本を守りたい」という主観がベースとなっているわけですね。

いずれも、「経営者としてこうすれば儲かる」ではなく、消費者としての「わがまま」がモチベーションなのです。

こうしたアイデアは、決して論理的思考やマーケティング、客観的な視点から生まれるものではありません。世の中を変えてきたすべてのアイデアは、誰かの「主観」からはじまっている。自分の主観を信じるところから、イノベーションは生まれる。客観的な解の強度は「論拠の数」で決まりますが、主観による解の強度は「自分を信じる強さ」、つまり自信の強さで決まるのです。

天才や中二病や独裁者じゃなくても、自分を信じるべき

「いやいや、ディズニーは経営者だからそんな主観が押し通せたんでしょ？」

そう思われるかもしれません。一般的な会社員は主観のごり押しではなく、客観的なデータに基づいて論理的に説得し、コンセンサスを取らなければならないんだ、と。

しかし時代は変わりました。なぜなら、情報取得のハードルが著しく下がったからです。

「タイムマシンに乗って未来人にインタビューする」といった特殊なスキルを使わないと入手できない情報でもないかぎり、ほとんどのデータは誰でも得ることができます。そのデータから論理的に仮説を積み上げれば、競合他社もライバルも同じ結論を導き出すことになる。A社もB社もC社も似たような製品やサービスを出し、差別化に四苦八苦する。……この構図は、「論理的思考至上主義」によるものと言ってよいかもしれません。

もともと日本人は論理的思考が苦手だという意識があったからこそ、「ロジカルシンキング」は一世を風靡しました。その大きな流れによって、日本のビジネスパーソンは十分に客観的／論理的になったと言えるでしょう。

でも、みんなが同じように論理的になったのなら、今度はそこから抜け出さなければ優れたアイデアは生み出せません。もはや、主観で「おもしろい！」と思えるところにしか、受け手の驚きは生まれない。「実証できるものに優位性なし」で、客観的／論理的であることは、あたらしい価値を生み出すフェーズではなんのアドバンテージにもならないのです。

デザイン思考とは、観察で得た主観を重視したアプローチです。「自分はなにをリサーチし、そこからなにを感じとり、どういう意味づけをほどこして、アイデアにつなげていくか」の思考法です。

つまり、「あなたがなにをどう感じたか」の、主観がすべて。定量から定性へと頭を切り替えなければならないわけです。

ところが、これが「デザイン思考はむずかしい」「つかみどころがない」と思われてしまう一因でもある。世の多くの人は、自分の「主観」にあまり自信がないからです。「自分はこう思う！」といった主観で突き進んでいいのは、一部の天才だけ、あるいは中二病の人たちだけ――そう思い込んでいるんですね。

言わずもがな、これは天才や中二病、独裁者だけに許されたマインドではありません。論理や客観で生み出されたものが飽和している世の中では（しかもこれは近い将来、ＡＩにお任せできるようにもなるでしょう）、誰もが主観を大切にするマインドを実践しなければならないのです。

ぼくたちに必要なクリエイティブ・コンフィデンスとは？

デザイン思考を実践するために必要なマインドセットは、いくつかあります。まずはその中でも「主観」という、とくに日本のみなさんが欠かしがちな要素についてご説明しました。

デザイン思考において、「マインド」と「スキル」は車の両輪です。まっすぐ前に進むためには、両者を同じように大きく育てなければならない。どちらが大事というものでもなく、両方とも必要不可欠なものなのです。

けれどあえて言えば、日本のみなさんにまず意識していただきたいのはマインドのほうだ、とぼくは考えています。なぜなら、みなさんは、自分自身にかけている「ブレーキの力」が半端なく強いから。

これは、いままでの社会人生活の中でしっかり身につけてきた、思考のクセとも言えます。このブレーキを外して車輪を前に進めるためにも、まずは「デザイン思考家として持つべきマインドセット」を知り、普段から意識することがファーストステップ。それがみなさんの「クリエイティブ・コンフィデンス」――「自分の創造性に対する自信」を育てる第一歩になるはずです。

いまぼくは「クリエイティブ・コンフィデンス」という言葉を使いましたが、これもまた、IDEOが提唱している概念です。しかし、「クリエイティブ」は「デザイン」と同じく、どうも誤解されがちなカタカナ。ワークショップでこの言葉を使うと、「あ、自分の話ではないな」という顔をされることが多々ありました。業種で言えば広告代理店やメディア、職種で言えば企画やデザイナーといった「都心で働くごく一部の人の仕事」を連想されてしまう。

でも、「クリエイティブ」は業種や職種とはまったく関係ありません。もちろん、小説やマンガ、映画といった、いわゆる作品をつくる力のことでもありません。

意志のある人生を送る。モノや体験をつくり、イノベーションを起こす。国が抱えているような大きな問題を解決する。

……こうした大小さまざまなところで発揮される「未来をつくる普遍的な力」こそ、クリエイティビティ――「創造性」と呼ばれるものです。

「自分には、周囲の世界を変える力がある」という自信。

「自分にはなにかを生み出し、実行する力がある」という自信。

「自分の考えってイケてるぞ、みんなに聞いてもらおう」と思える自信。

これらが、「クリエイティブ・コンフィデンス」なのです。

クリエイティブ・コンフィデンスを持つためのマインドセット

さて、先ほどからテーマにしている「主観を信じること」に加えて、ぼくたちデザイン思考家が掲げているのが、次の4つの「クリエイティブ・コンフィデンスを持つためのマインドセット」です。

①曖昧な状況でも楽観的でいること

一般的に、人は方向性や仮説がないモヤモヤした状況を嫌うもの。そんなとき、「自分ならいつかいいアイデアが出るさ」と楽観的に構えることはとても大切です。切羽詰まって机に向かって頭を抱えたり、眉間にシワを寄せたりしない。コーヒーを飲んで雑談しつつ、「どこにヒントがあるかな」とワクワクしながら探していくからこそ、いいアイデアが浮かびます。

ですから、クリエイティブ・コンフィデンスがある人って、「なんだか楽観的」なんですね。

②旅行者／初心者の気分でいること

はじめて訪れる国では、信号機、看板、店員のふるまいなど、目に入るすべてが「どうしてこうなんだろう?」「おもしろい!」ですよね。旅行者にとって、旅は気づきの宝庫。この旅行者と同じマインドを普段の生活にも持ち込んでみることが、2つ目のマインドセットです。「こういうもの」という思い込みをそぎ落とし、ヨソモノの目を持ってみる。そうすれば、見慣れている風景にも新鮮な発見があるはずです。

この「旅行者の目」を向ける対象は、日常だけではありません。入社したときに不思議に思った会社や業界の慣習、上京したてのときに衝撃を受けた都会のルール。これらに対して、だんだんなにも感じなくなっていった、という経験はありませんか？　すっかり「当たり前」になってしまったことに対してもう一度初心者の目を取り戻すことで、キラリと光るアイデアの原石を見つけられるんです。

③常に助け合える状態をつくること

ぼくも（失礼ですがきっと）みなさんも、オールマイティな天才ではありません。得意と不得意があり、好きと嫌いがある、個性的な人間です。そんな凸凹な人間を組み合わせ、チームを組んでアイデアを出すことで、個人でいるよりずっとクリエイティブになれるのです（76ページ）。ですから、困ったときに声を上げたらすぐに助けてもらえたり、声をかけられたら「お安いご用！」と手を貸したりする環境をつくることが大切です。

④クリエイティブな行動を信じること

いままでと同じものをつくる。みんなと同じことをする。競合を意識する。差別化する。

……これらはクリエイティブの反対の姿勢で、誰かが描いた地図を見ながら船を進めるようなものです。危険も少なく、ラク。でも、誰かが見つけ、すでに征服している大陸にしか行き着くことができません。

一方で、いままでと違うもの、みんなと違うアイデアを目指すのは、真っ白な地図を片手に、羅針盤さえもないまま北極星と太陽だけを頼りに船を進めるようなもの。ものすごく大変だし、相当な勇気が必要です。でも、誰も見つけていない海や、まっさらな大陸に辿り着く可能性があります。みなさんには、こちらの航海に挑んでほしいのです。

クリエイティブでありたいと思うのであれば、クリエイティブな行動を信じ、まずは動いてみましょう。机の上で地図を眺めていても、新大陸は見つからないのですから。

自信と創造性は、ニワトリと卵？

「クリエイティブ・コンフィデンス」の概念を広めることに関しては、ＩＤＥＯの創業者であるデビッド・ケリーと、その弟のトム・ケリーも長年熱心に取り組んでいます。「誰でもクリエイティブになれる。だからみんな、もっと自信を持とうよ」というメッセージの共著を出しているくらいです（『クリエイティブ・マインドセット』日経ＢＰ社）。

また、兄のデビッドはスタンフォード大学にデザインスクール「d.school」を設立するなど、デザイン思考を広げる活動にも取り組んでいます。いま世界中で「デザイン」へのリテラシーが上がっているとしたらＩＤＥＯの、そしてケリー兄弟の貢献が大きいと言ってよいでしょう。

このクリエイティブの塊のようなケリー兄弟。兄のデビッドが癌を克服した際、快気祝いの兄弟旅行で東京と京都を選ぶほど筋金入りの日本ファン。そんな日本をこよなく愛する彼らは、共著の中で日本人の奥ゆかしい性質に関してこう記し、残念がっています。

「世界５ヵ国の５０００人を対象とした最近の調査によると、日本以外の国の回答者たちは、日本が世界でいちばんクリエイティブな国だと答えました。ところが、日本がもっともクリエイティブだと回答した人の割合は、なんと日本人がいちばん低かったのです」

……なんとなく、納得のいく結果ですよね。ぼくもこの結果を見て「日本人らしいなあ」と感じました。これはひとえに、「自分たちがもっともクリエイティブなんてとんでもない」、ひいては「自分はクリエイティブな人間ではない」という自身に対する自信のなさのせい、「ブレーキ」のせいでしょう。

ここでみなさんにお伝えしたいのは、「自信（クリエイティブ・コンフィデンス）がなければ創造性は発揮できない」ということ。「自分のアイデアなんて」と萎縮しているうちは、創造的にはなれないということです。

ちょっと思い浮かべてみてください。

いい切り口の企画を考える同僚、メディアやＳＮＳで見かける起業家、「新しい働き方」を生き生きと実現している人たち。

彼らは、自分のアイデアに強い自信を持っているように見えませんか？　目を輝かせ、胸を張って、大きな声でみんなに呼びかけ、行動に移している。

もちろんそう「見せる」こともアイデアを実行するための戦略のひとつです。しかし、彼らは間違いなく自分の発想に対して信頼感を持っている。そしてこの「自信」が行動につながり、次のクリエイティブを生み出す。より創造的になっていくのです。

ですから、ここでぜひ２つの約束をしてください。

まず、自分は創造的ではないとか、自分のアイデアなんて高が知れているという考えが頭の片隅にでもあるとしたら、その思い込みを捨てること。いきなり自信を持つことはむずかしいかもしれません。でも、まずは両手に抱えた「不信」を手放してみましょう。

そしてもうひとつが、自信を持つ前であっても、むりやり「クリエイティブな行動」を取ってしまうこと。

具体的にはどうすればいいか？　ぼくは、はじめのアクションとして「場づくり」をおすすめしています。自分が思いついたアイデアを「客観的」に選別せずに発することができ、決して評価も否定もされない「場」。

信頼できる仲間と自分が抱えている課題に対するアイデアを出し合う時間を設けるもよし。SNSグループをつくるもよし。部署で「水曜日のランチタイムは新規事業のプランを出し合う会」とルール化するもよし……。

はじめは、自分のアイデアを口に出すのを気恥ずかしく思うかもしれません。「賢く見えるアイデアを言わなきゃ」と背伸びしたくなるかもしれません。でも、続けるうちに少しずつ「これ、おもしろくない？」と臆さず素直に言えるようになるはず。それに比例して、浮かぶアイデアの質と量が変わってくるのを感じられるはずです。

クリエイティブな人とは、ただ発想力に優れている人ではありません。自分の主観を信じる力が強い人が、結果としてクリエイティブになっていくのです。自信と創造性は、ニワトリと卵のようなところがあるんですね。

クリエイティブな行動こそ、自信を増幅させる

「主観」や「クリエイティブ・コンフィデンス」には、数字や前例、実績といった根拠がなくても構いません。いや、むしろないほうがいい。だって、根拠があったらそれは主観ではなく客観ということでしょう？　根拠がないからこそ、「自分を信じる」という、「自信」の話になるわけです。

かく言うぼくも創造性に対する、根拠のない「自信」によって道を拓いてきた一人です。第1章で少し触れましたが、ぼくは、日本の大学を半年で中退しています。もともと周りの人と合わせることに違和感を抱いていたこと、「自分の手でなにかを生み出したい」と考えるようになったことから、ロンドンにあるアート&デザインの大学に入学しました。

ツテもコネもありません。まじめな両親のもとに育ち、茨城の片田舎にある高校に通い、部活ざんまいの青春を送ったふつうの男子。もちろん、デザインのデの字も学んだことはありませんでした。それなのに……「自分は人とモノを見る角度が違う」と、なぜか自信を持っていたのです（じつは先ほどお話しした5歳のころの思い出がその一因ではあるのですが、

ほかの人からすれば「たったそれだけで！」と感じられるでしょう）。

さらに、イギリスでの環境もその自信に拍車を掛けました。一クラス60人、30か国から集まっていて、バックボーンも常識も行動様式もみんなバラバラ。トルコとイタリアでは「シンプル」に対する感覚もまるで違うわけで、「アイデアが間違っている」ことがない。

そんな環境ですから、ほかの人の目を気にすることなくアウトプットできたし、それによって周りからおもしろいアイデアを上乗せしてもらうこともできました。もともと持っていた自信が増幅し、創造性を伸ばしていったのです。

こうしたクリエイティブ・コンフィデンスの恩恵を被っている人は、周りにもたくさんいました。たとえば大学時代、リサイクルした新聞紙素材でできた椅子のプロトタイプ（試作品）をつくり、プレゼンした同級生のロブ君。じつのところ、ぼくにはいまいちそのよさがわからなかったのですが（安定しなそうである、とか）、彼は自信満々の様子で……。

結果を言えば、その斬新な作品を見た素材メーカーの方から、彼にお声が掛かったのです。このときぼくは、「自分のアイデアに自信を持ち、頭から取り出し、かたちにして人に見せてみること（＝プロトタイプすること）」の大切さを強く感じたのでした。現在では、彼は新規素材開発のエキスパートとして世界中でもっとも読まれているマテリアルの本を出版しています。

「さっきの会議ではこう思ったんだけど……」

「バカにされるかもしれない」と及び腰になったり、「せっかく議論がまとまろうとしているのに口をはさんじゃいけない」と慮ったりして、思うことがあっても発言を控えてしまう。……これ、よくある光景ですよね。ぼくの知るかぎりでも、夜に飲み屋でアルコールが回ったころに「さっきの会議ではこう思ったんだけどさあ」と自分のアイデアを口に出してくれる人はたくさんいました。それも、とてもいいアイデアを!

そういう人はだいたい、いい人なんです。謙虚で、空気を読めて、周りをよく見ている。でも、残念ながら、そのスタンスのままではクリエイティブにはなれません。自分の創造性を信じ、アイデアを口に出したりかたちにしてみたりして、自分が自分にかけているロックを外さなければならないのです。

多様性に富んだ環境でデザインとアートを学び、自分らしくいることの価値を実感したぼくは、そうしたロックを外せたという意味で、ラッキーだったかもしれません。

しかし、すでに自信を失っている方も心配はいりません。創造性は学ぶことができますし、自信はいまからでも身につけることができるのですから。

いかがでしょうか。

デザイン思考を実践するとき、マインドだけではきっと質の高い議論をすることができないし、スキル（知識）だけでは自分のロックのせいで歯がゆい思いをすることになるでしょう。

この両輪を携えてまっすぐ前に進むためにも、「主観を信じ」「楽観的に」「旅行者の視点を持って」「仲間と助け合い」「クリエイティブな行動を取る」という5つのマインドセットを、常に頭の片隅で意識してください。

そうして自分が無意識にかけていたロックに気づくようになったら、しめたもの。少しずつそのロックを外していき、「自信」を取り戻すきっかけにしてほしいと思います。

第3章

デザイン思考 4つのプロセス

デザイン思考を構成する2つの大前提とは

ここまで、大きく言うと「デザインとは?」「デザイン思考に必要なマインドセットとは?」の2点についてお話ししてきました。

デザインとは問題解決であり、未来を描くものである。人が抱えている課題を解決しようとアイデアを企てる人は、全員がデザイナーである。そして、優れたデザイナーになるためにも、「主観」「楽観的」「旅行者の視点」「助け合い」「クリエイティブな行動」の5つのマインドセットを意識しよう。とくに日本人に欠けている「クリエイティブ・コンフィデンス」を取り戻していこう――。

本章のテーマは、いよいよメインディッシュとも言える「デザイン思考のスキル」。「実際、どうやってデザイン思考を実践するのか?」です。

ただし、デザイン思考のスキルを身につけるためには、そもそも論においての「デザイン思考とはなんぞや」の理解が欠かせません。この基本を理解しないままスキルを学んでも、完全な畳水練になってしまうのです。

ここで、デザイン思考の2つの大前提について考えていきましょう。

◎なにを考えるのか？……人間中心。アイデアは「事情」ではなく、「人」から生まれる

デザイン思考のスタート地点は、「人間中心」という考え方です。これはとても大切な視点なので、具体的な事例を用いてご紹介しましょう。

舞台は、IDEOシンガポールオフィス。その扉を叩いてきたのは、ほかでもないシンガポール政府でした。シンガポールと言えばご存知のとおり、国民の半数近くが移民で構成されている国です。優秀な移民によって栄え、一方で犯罪発生率は低く、非常に成功した例として挙げられることも多い国。

しかし、どうも世界各地からやってきた移民たちの、シンガポールに対する印象があまりよくなかった。国に反発心を持つ人が少なくない、という課題を抱えていました。

「自分で選んだはずなのに、なぜ？　いったいどうすればいいのか？」

頭を抱えた政府がIDEOシンガポールオフィスに解決を依頼してきた、というわけです。

早速メンバーを集め、チームを組み、デザイン思考を使ってこの問題に取り組みました。

移民たちはどんなプロセスを経てシンガポールへやってきて、入国し、社会に馴染んでいくのか。どんな瞬間にどんな気持ちになり、心の底ではなにを求めているのか。チーム全員

で観察し、インタビューし、本人たちも自覚していないような本音を探っていったのです。

こうしたリサーチから導き出された結論は、ちょっと意外なものでした。

税金が高すぎる？　移民が差別されている？　移民に対する警察官の態度が悪い？

……どれも違います。「入国するときに記入する書類に思いやりが足りない」だったんです！

もちろんその書類に、事務手続き上の不備があったわけではありません。しかし、いわゆるお役所仕事のペーパーは、これからの生活に緊張を抱えている人たちにとって「上から目線」に感じられた。国の「入れてあげる」という態度が透けて見える無機質な書類を書くとき、つまり入国の初っ端から、無意識のうちにネガティブな印象を持ってしまったのです。

「本当の課題」に気づいたIDEOは入国書類をデザインし直すことにしました。プロトタイプを何度もつくり直し、「ウェルカム感」のある入国書類を政府に提案しました。いえ、正確に言うと、提案したのは書類というモノではありません。「この国を一緒に盛り上げていきましょうね！」と国が笑顔で握手を求めてくるような体験、です。

国から依頼があって、この結論に至るまでに、わずか3か月。そのデザインを導入して以来、移民たちの国に対するネガティブな感情は激減したと聞いています。それはつまり、移民の方々を幸せにしたということです。

デザイン思考の「人間中心」とは、「人」が心の底で求めているものをつくり出す姿勢をあらわす言葉です。

一般的に、商品開発の際には売上目標や会社の資産、現在持っている技術などが優先的に考えられがちですが、まずはリアルなユーザーの思いを汲みとろう。そして人の深層心理を深く理解し、潜在的な課題を捉えることを最重要項目にしよう。この考え方が「人間中心」なのです。デザイン思考とは、人間中心のイノベーション創出のアプローチなのです。

シンガポールの案件では、移民として生きていく人の「国に歓迎されたい」「求められていると実感したい」という心の底の願いを見つけたことが、シンガポールチームの大きな鍵となりました。もしこの無意識の核心に気づかなければ、莫大なコストをかけ、まったく関係ない策（「移民啓発週間」とか税金の優遇制度とか……ありがちですね）を打っていたかもしれないのです。

ただし、「じゃあ、ターゲットに話を聞けばいいのか！」「モニター制度を充実させればいいのか！」というと……残念ながら、そう単純なものではありません。

わかりやすい事例としては、T型フォードの発明です。車がまだなかった当時、人々は馬車に乗って移動していました。そこで馬車に乗っている人に「なにがほしいですか？」と聞くと、「もっと足の速い馬がほしい」「あまり揺れない馬がほしい」と答えるわけです。

確かに速い馬も乗りやすい馬もほしいかもしれません。しかし潜在的に、また本質的には、「もっと速く移動する手段」こそが求められていたのです。その深層心理にある潜在ニーズをはっきりとつかんでいたからこそ、フォード社は自動車を発明することができたのです。

あるいは、別の角度からニーズを掘り下げると、大好きな恋人に会うためにもっと速い馬がほしい、というニーズが出てくるかもしれません。その思いに気づければ、離れていながらコミュニケーションが取れる「電話」というあたらしい道具の発明につながる可能性が生まれます。

デザイン思考が目指すのは、まさにこの「人のニーズからスタートした大発明」なのです。

……とはいえ、ただ人のニーズさえ満たせばいいというわけではありません。デザイン思考で重視するのは、「人間中心」と「ビジネスモデル」、そして「テクノロジー」の３つの要素が重なっていることです。３つの輪が重なるところにこそ、イノベーションは起こるんですね。

人……本当はなにを欲しているのか？　潜在的にはどんな課題があるのか？

ビジネスモデル……実現可能か？　持続可能か？　儲かるか？

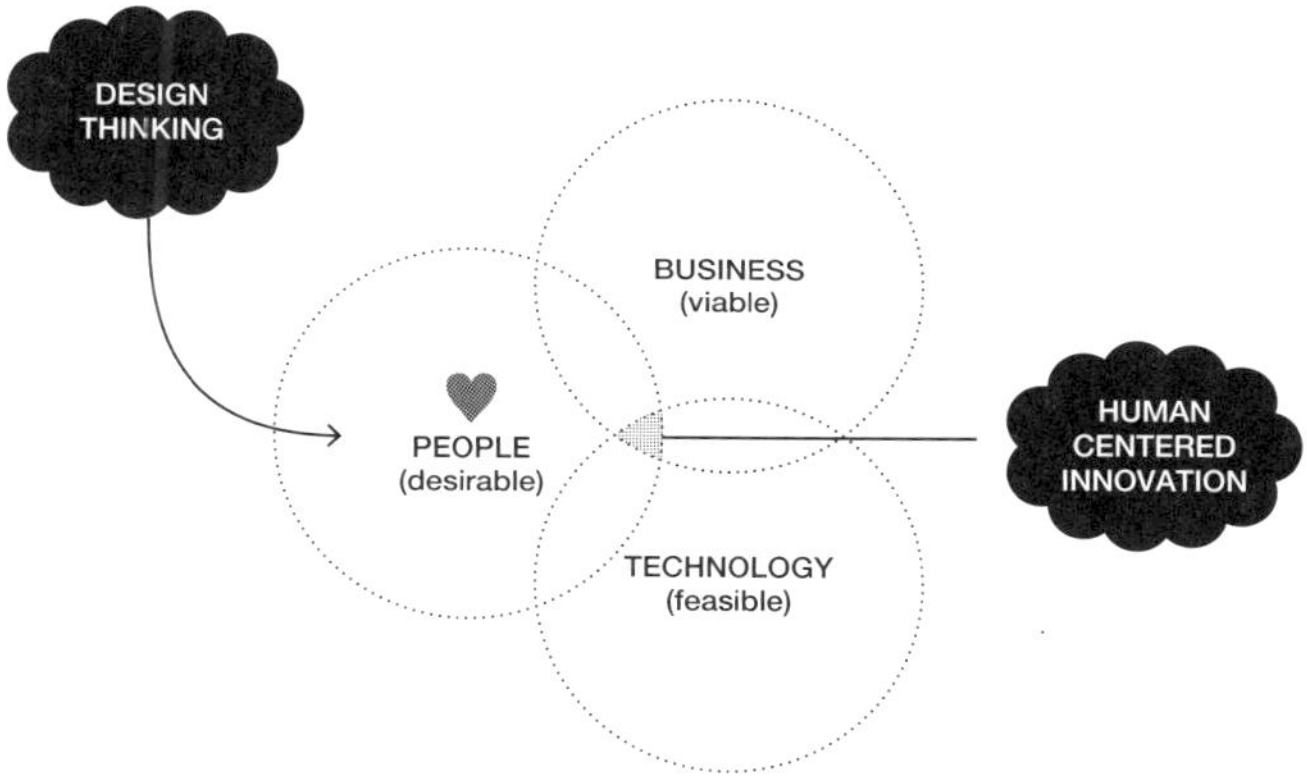

テクノロジー……いま、どんなあたらしい技術が生まれているのか？　それをどう活用できるか？

また、この「人間中心」という考え方は、いまの社会と非常にマッチします。

たとえば、昔は「短大卒ＯＬ」「専業主婦」「サラリーマン（平社員）」といった雑なマーケットセグメントでもモノを売ることができました。しかしいまは、生き方も働き方も、ものすごい勢いで多様化が進んでいる。一人ひとりがまったく違う趣向を持ち、異なる「願い」を抱いている。

だからこそ、「この人」からスタートしなければ、結局誰にも求められず、すぐに世の中から消えてしまうモノを生み出すことになってしまうのです。

大切なのは、具体的な「この人」が熱狂できるものを世に出すこと。「この人」に深く刺されば、近い属性の1万人、10万人に刺さる可能性がある。インターネットを使えば、世界中の1000万人に刺さる可能性があるわけです。

……と言うと、「うちのビジネスはB to Bだから」「お客さんのいない仕事だから」と反論されることもありますが、どんな業種であれ会社の中には必ず「人」がいます。経理や総務といった部署であっても、自社の社員という見るべき「人」がいます。人を相手にしないビジネスなどないわけです。

「人からはじめる」。これは、今後すべての人が意識すべき考え方と言えるでしょう。

◎どうやってやるのか？……「一人ではできない」。コラボで強く大きいアイデアを出せ

デザイン思考を実践する際は、チームをつくる必要があります。ここがほかの一般的な思考法と大きく異なる点で、デザイン思考は一人ではできないのです。

これは一見、不自由なことに思われるかもしれません。でも、それは「思考＝沈思黙考」というイメージが、また成果やアイデアは個人で出すものだという思い込みが無意識下にあるからではないでしょうか？

一人でできないということは、見方を変えれば「仲間の頭（知識や経験、アイデアなど）を借りることができる」ということ。「仲間さえいれば、誰でも世の中に変化を起こせる」ということです。

ＩＤＥＯには「いかなる個人よりも全員のほうが賢い」という言葉もあります。

たとえば、いまのぼくはＰＤＤやＩＤＥＯで、さまざまなプロジェクトを経験してきました。では、これから誰とも組まずにデザイナーとしてどれくらいの期間、通用するかというと……、正直なところ、数年間が限界でしょう。世の中は猛スピードで変わり続けます。多様なバックグラウンドを持つ人とコラボレーションし続け、学び続けなければ、あっという間に「過去の人」になってしまう。裸の王様になってしまうのです。


また、デザイン思考のチームは3、4人で組むことが多いのですが、メンバーの条件は、それぞれ違う職能／スキルを持つプロフェッショナルであること。「プロダクトデザイナーと言語学者と建築家」といったように、多様性のあるチームでコラボレーションするのです。

なぜか。多様性のあるメンバーの、多様な「主観」を持ち寄るためです。

たとえばリサーチした結果をチームで共有するとき、デザイン思考ではすべての項目を網羅することを重視しません。個々人の気づきやおもしろいと感じた箇所、引っかかったポイントや学びになったことを、厳選して発表します。

１００の情報を収集しても、「このあたりが新しいテーマや価値創出につながっていくのではないか」と直感的に引っかかった部分だけを抽出していく。あぶり出していく。こうした作業を、頭の中と壁に貼ったポストイットを行ったり来たりすることで、または他者の脳みそを介しながら行うことで「おもしろい！」の視点やアイデアが浮かび上がってくるのです。

このとき、各人のバックグラウンドや専門性がばらばらだと、多様性に富んだ視点やアイデアが得られます。でも、もしみんなが同じ分野のプロフェッショナルだったら、似たような箇所にばかり反応してしまう。意味のあるヒントを見落としてしまうかもしれません。

ですから、どんな人とコラボレーションし、どんなチームをつくるかは、プロジェクトがうまくいくかどうかを左右する大切な要素。１３８ページで詳しくお話ししますが、チームをつくるところからデザイン思考ははじまるのです。

デザイン思考　４つのプロセス

さて、デザイン思考の大前提を押さえたところで、実際のプロセスを追っていきましょう。
デザイン思考は基本的に、次の4つのプロセスで構成されています。

デザイン思考 4つのプロセス

①デザインリサーチ（観察／インタビュー）
②シンセシス／問いの設定
③ブレスト&コンセプトづくり
④プロトタイピング&ストーリーテリング

順を追って見ていきましょう。

①デザインリサーチ（観察／インタビュー）
②シンセシス／問いの設定
③ブレスト&コンセプトづくり
④プロトタイピング&ストーリーテリング

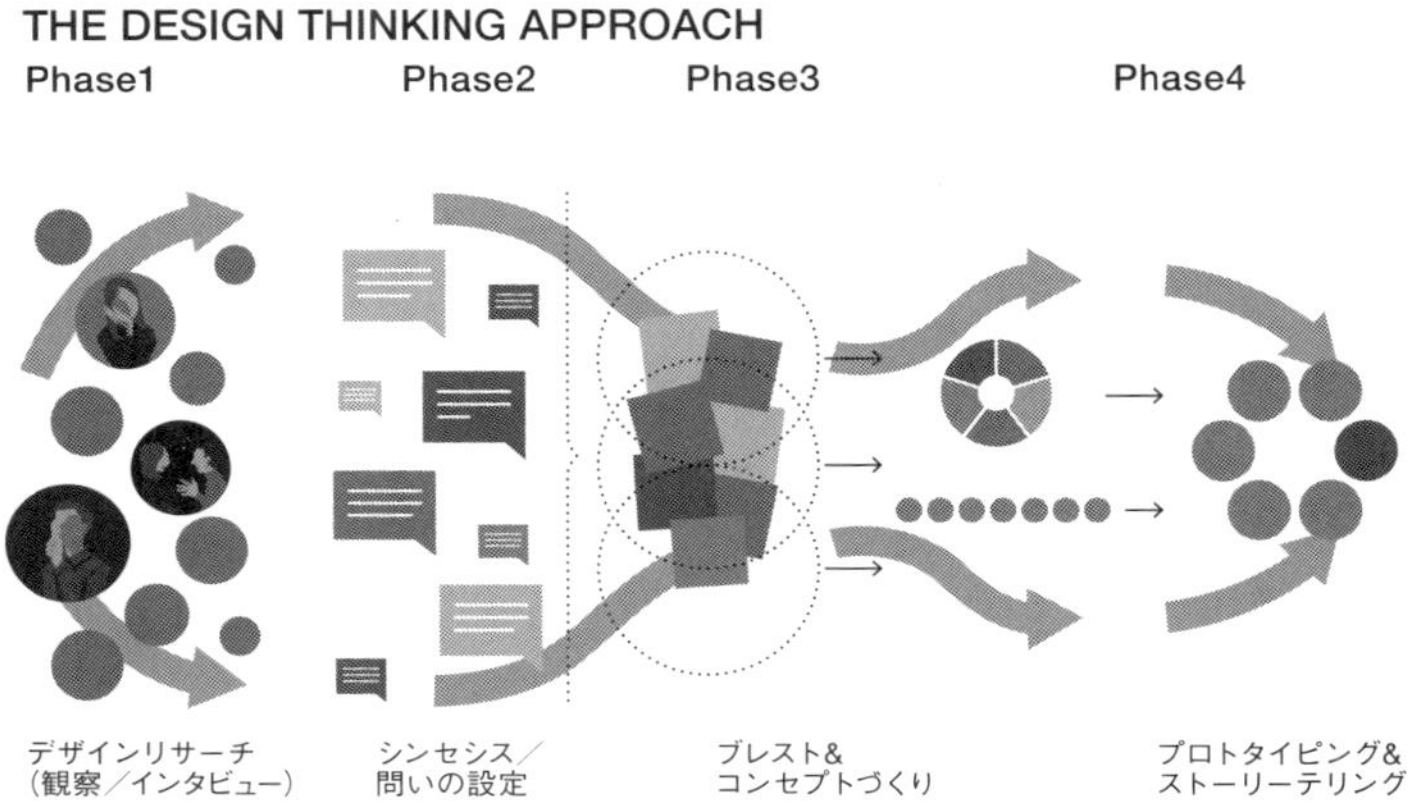

インスピレーションやアイデアの種を大量に集めるフェーズ。対象となる人の「観察」と「インタビュー」で、彼らが抱えている本当の課題はなにかを探っていきます。立証するための仮説は用意せず、サクリフィシャルコンセプト（犠牲になるコンセプト。立証するためのコンセプトではなく、ユーザーとの対話を活性化させ、さらなる学びを得るために立案するコンセプトのこと）というかたちで対話のツールを用意します。その上で、とてもフラットな目線で議論することが大切です。

【観察】

・「トラファルガー広場を観察してきなさい」

目の前の相手の深層心理を探り当てる。そのためのヒントは、無意識のちょっとした行動にこそあらわれています。それを見逃さず、共感し、「その人よりもその人を理解すること」が観察の極意です。

そもそも「観察」は、デザインの基本でもあります。

イギリスの美大に入学して、はじめての授業。「さあ、かっこいいものをデザインしてやるぞ！」と意気込んでいたぼくでしたが、先生が出した指示は「トラファルガー広場を2時間観察してきなさい」でした。デザインの授業なのに、デッサンをするわけでも、手を動かすわけでも、品評をするわけでもない。とりあえず観察しなさい、と言うのです。

トラファルガー広場といえば、ロンドン有数の観光スポット。ぼくは言われるがまま広場に行き、観光客や地元の人に交じって座りました。なんてことのない風景で、とくに気になることもない。人々はみな、楽しそうに往来しています。

けれど、よく観察していくと、「あれ、こうだったらもう少し便利なのにな？」と思うことがちらほら目に入ってくるわけです。テショナルギャラリーまでの動線だったり、噴水の形状であったり、ベンチの位置や大きさだったり。「未解決の種」とでも言いましょうか、おそらくそこにいる人たちも自覚していないような小さな不満が、ここにはたくさんある。

つまり、そうした不満は世の中のあらゆるところに隠れている。それに共感し、課題を解決していくことがデザインだ——。

そんな先生のメッセージに気づいたとき、街を見る目がガラリと変わりました。これがぼくの、デザイナーとしてのはじめの一歩だったのかもしれません。

・260万件の新規口座開設を促した、無意識の観察

対象をどのように観察し、その結果をどのように捉えるか。デザイン思考では、これがプロジェクトの方向性を決定づける材料となります。

その一例が、IDEOが手がけた案件で、バンク・オブ・アメリカのデビットカードのデザイン。クライアントからの相談は「口座開設件数を増やしたい」というかなりざっくりとしたオファーで、切り口がいくらでもある状態だったと言えるでしょう（ちなみにこれはIDEOの有名なケースで、私の担当案件ではありません）。

そこで、カードの使用頻度がきわめて高いファミリー層を中心に、アメリカ全土から16人程度のユーザーを抽出。彼らと行動をともにし、観察させてもらうことにしたのです。

さて、この16人のユーザーを観察していく中で、彼らに共通するいくつかのおもしろい傾向に気づきます。

ひとつは、「キリのいい数字を好む」こと。なるべく端数がゼロになるように支払おうとする人が多いということです。

日本のみなさんにはピンと来ないかもしれませんが、アメリカはチップ文化。買い物した金額にチップを上乗せして端数をゼロにすることが可能です。たとえば、6ドルの商品に15%のチップを加えると正確には6・9ドルですが、観察してみると多くの人が繰り上げて7ドル支払っていたんですね。

そしてもうひとつが、「小銭の扱いが適当なこと」。1ドル以下の細かいお釣りはレジ横の募金箱に入れてしまうか、もしくはポケットに突っ込み、自宅のどこかで行方不明になってしまう。こうした「小さな買い物と小銭」の積み重ねによって、浪費しているわけでもないのになぜかお金が貯まらない状態を生み出していることが見えてきました。

観察から導き出したこれらの傾向をもとにIDEOが考えたのが、「キープ・ザ・チェンジ」――「お釣りを貯めよう」というコンセプトでした。

これは買い物の際、1ドル以下の端数は切り上げて普通口座から引き落とし、その分の差額を預金用の口座に振り込むというサービスです。つまり、7・65ドルの買い物をしたら、普通口座から8ドルが引き落とされ（＝口座残高の末尾がゼロになる）、もうひとつの口座に自動的に35セントが振り込まれる。いわば「デジタル貯金箱」とも言える仕組みをデザインしたのです。

ユーザーにとっては、普段目にする口座の端数が常にゼロになるので気持ちいい。しかも、いままで消えていたお金が勝手に口座に貯まっていくのも、うれしい。

そしてアメリカはカード社会ですから、コーヒー代や地下鉄の切符といった日常の細かい支払いまでカード決済が可能です。そういった環境で「使えば自然と貯金できる」カードを手にしていれば、みんな現金ではなくカードばかり使うようになる。つまりユーザーのカード利用頻度も増え、銀行側もうれしい、というわけです。

このサービスは、とくにお金リテラシーがあまり高くないベビーブーマーを中心に絶大な支持を受け、たった半年でおよそ260万件の新規口座がつくられました。しかも口座継続率は97%とべらぼうに高く、ロングヒットのサービスとなっています。人の行動を観察し、無意識の欲求を満たしたことで、これらの数字を出すことができたのです。

「35セントのお釣りを持て余している」は、ふつうのマーケティングリサーチではなかなか出てきません。「通帳の端数を揃えたい」はかぎりなく無意識に近い欲求です。

どうすればこうしたプロジェクトを左右する材料を見つけられるか？　これはもう、自然な環境下でリアルを観察すること、つまり現場に同行するしかありません。

バンク・オブ・アメリカの例で言えば、ＩＤＥＯのデザイナーが何度も何度もユーザーの買い物についていかせてもらったそうです。「チップで調整して１の位をゼロにする」なんて、現場にいなければ得られない情報です。さらにここで「通帳の１の位がゼロに揃っていると気持ちいいのでは？」ということに気づき、言語化できるか。これこそが、観察のスキル。いわば職人芸なのです。

・無意識を意識的に観察する

いま「職人芸」という言い方をしましたが、日々の暮らしの中でも「デザイン思考家」は観察眼を養っています。混み合った電車の中で、おじさんが新聞をたたんで読んでいる。本当はもっと小さいサイズがほしいんじゃないのか。バス停に日傘をさした女性が立っている。ここには屋根が必要なんじゃないか——。

そういう目で世の中を見ていくと、人がいかに無意識に行動しているか、その行動にニーズがにじみ出ているかに気づけるはずです。やりにくそう、嫌そう、不快そう……。こういったネガティブな無意識下の感情を見つけ、その解決策を考えることが、デザイン思考への第一歩なのです。

ただ、観察がむずかしいのは、「ふつう」の中にヒントがあるから。その光景を目にしても、サラリと流してしまいがちなことですね。

たとえば路上駐車をするとき、ドライバーは通行するほかの車の邪魔にならないよう縁石ギリギリに駐めるでしょう。これ、すごく「ふつう」の光景です。

でも、立ち止まってよく「観て」みると、「助手席の人が降りにくい」という「不便」が見つかる。そこで、「スライドドアにしたらどうだろう」「助手席の人が乗り降りできる幅を残した自動駐車システムをつくれないか」といったアイデアを考えることができるわけです。

「観察スイッチ」をオンにしておかないと、「ふつう」の光景はどんどん流れていってしまいます。意識し続け、考え続けることで、脳みその筋肉は鍛えられていくのです。

では、具体的に観察眼をどのように鍛えればいいか。

「自分の観察」からスタートしましょう。コツは、「快・不快」に注目することです。無意識の心の動きに気づき、言語化することが、もっとも手軽なデザイン思考のトレーニングと言えるでしょう。

ぼくたちは日々を過ごす上で、自分が思っている以上にハッピーとアンハッピーな「気分」を繰り返しています。観察に慣れてくると、それが手に取るようにわかってくるはずです。

たとえば家事。みなさんにも、積極的に行う家事と嫌々取り組む家事がありませんか？ぼくの場合は皿洗いに没頭しているとき、いちばんハッピーに感じると自覚しています。

また、ビジネスホテルの部屋に入った瞬間、気持ちが少しだけアンハッピーに傾く人は多いでしょう。すごく不快なわけではないけれど、決して気持ちよくはない状態。カーペットには足をつけたくないとか、水回りにはあまり触れたくないとか……。無意識の「快・不快」、そしてそれに伴う自分の行動に敏感になってください。

この自己観察を続けることで、みんなが見落としている違和感に気づけるようになるはずです。

ぼくが「自分の観察」をはじめて意識したのは、元ＩＤＥＯのデザイナー・深澤直人さんのもとで訓練を受けたときのことでした。

深澤さんは１９８９年にＩＤＥＯの前身となるイギリスの会社「ＩＤ２」に入社されたデ

ザイナーです。スタイリッシュなデザイン家電ブランドの先駆けとも言える「±0」、人々を惹きつけた斬新な携帯電話「ＩＮＦＯＢＡＲ」、そして「無印良品」の洗練されたプロダクトを手がけられた、ひとつの時代をつくった方です。２００３年にＩＤＥＯを退社されていますが、その存在はいまもなお伝説として語り継がれています。

さて、ぼくがまだパナソニックに在籍していた20代半ばのとき、新潟の山奥の合宿所で彼のレクチャーを受けるというありがたい機会に恵まれました。その合宿では「朝ごはんのデザイン」というテーマのワークショップが開催されたのですが、これがまさに、観察の練習だったんです。

２人一組になり、一人がパンにバターを塗る。もう一人がそれを観察する。気づいたことをメモし、みんなでアイデアを出し合う。——たったそれだけですが、奥が深かった。

まず、相手を観察する中では、「適量のバターを一発で切り出せなかったんだな」「一度バターを塗ったあと、パンくずがついたバターナイフをもう一度使うか迷ってるな」といった気づきがたくさんありました。これらの解決法を見つけるのにみんなで悪戦苦闘したわけですが（そして当時はいいアイデアを出せなかったのですが）、こうした「まだ誰も解決していない無意識のニーズ」こそがデザインに通ずるということを学ぶことができました。

そしてこのレッスン、「観察されるほう」もなかなかむずかしかったんです。だって、意識的にバターをパンに塗ることなんて日常ではありませんよね。手前から塗る？　やっぱり奥から？　バターナイフはどこに置く？……なんて、なかなか考えないでしょう？

だからそれを意識した瞬間、つまり自分を観察しようとした瞬間に、「あれ、いつもはどうしてるんだっけ？」とパニクってしまう。普段いかに自分が無意識にアクションしているか、不快だと感じていることに蓋をして生きているのか、実感させられました。

つまり深澤さんは、他者だけでなく自分自身の行動を観察し、無意識を掘り起こしていくことの大切さを教えてくれたのです。

・緊急治療室のリデザインを、モーターレースから学ぶ

誰をどのように観察すれば意味のあるヒントが得られるのか、いまいちピンと来ない。デザイン思考をはじめたばかりだと、そんな悩みを持たれるかもしれません。

そこでぜひトライしていただきたいのが、「類推思考」。遠いところから似た性質を持つものを結びつけて考えてみるこの方法、過去にＩＤＥＯが手がけた案件を例にご紹介しましょう。

クライアントは、緊急治療室を持つ病院。この緊急治療室のリデザインが課題で、「より患者さんのためになる治療ができる部屋をつくる」がテーマでした。

さて、どこにリサーチをかければ病院、それも緊急治療室のヒントになるだろうか？運び込まれる。一刻を争う。チームで取り組む……。

ここで閃いたデザイナーがクライアントである医者と看護師を連れて向かったのは、なんとモーターレース「ＮＡＳＣＡＲ」のサーキットでした。お目当ては、レース中に給油したりタイヤを替えたりする「ピットストップ」。

モーターレース「ＮＡＳＣＡＲ」をご覧になったことがある方はイメージできると思いますが、このピットストップでのチームワークとスピードは本当に神業的なんですよね。ピットインした車を囲んだと思った瞬間、もう出発している。タイヤ交換なんて、３秒かからないんです。

そこでこのピットストップでチームはどのような役割分担をしているか、一分一秒を争う環境で人はどのように立ち回っているか、道具をどのように使っているか、といった視点で観察してもらったのです。

その結果、思ったとおり、おもしろいヒントをいくつも得られました。

たとえば、同じ道具を２つずつ用意していること。万一落としてしまっても拾いに行かず、瞬時に2つ目の道具に手を伸ばす。タイムロスを減らすための工夫で、まさに緊急治療室でも使える発想です。

また、ドライバーのタイミングを整えるために声をかけているクルーをヒントに、「治療室でも患者さんに優しく話しかけるケア担当の人がいれば、安心してもらえるのではないか」というアイデアも出てきました。

いま抱えている問題を分解し、類推し、ほかの遠い分野にまで足を延ばしてみる。すると、競合他社や競合サービスを見ていても気づくことのできない、思いも寄らなかったヒントが得られます。緊急治療室の案件では、魚市場の競りで「スピード勝負のコミュニケーション」を観察する方法もあったかもしれません。ファッションショーの舞台裏、早着替えで「0・1秒を短縮する工夫」を観察してもなにかしらのヒントが得られたかもしれません。

このように、あえてまったく関係のない分野を参考にすることがコツなんですね。

この類推思考をスムーズに行うためにも、普段から目に入ったものを構造化するクセをつけるといいでしょう。

たとえば街なかで料理教室を目にしたとき、ただ「料理教室をやってるな」で終わらせてはもったいない。「真剣に料理を学んでいるのかな？　すごく楽しそうだけど」↓「本当は、人とおしゃべりすることが目的なのかもしれない」↓「料理教室はコミュニティである」という状態まで整理して引き出しに仕舞っておく。そうすると、コミュニティ運営のプロジェクトに携わったときに「あっ、あの料理教室にリサーチに行ってみよう」とパッと引き出せるというわけです。

【インタビュー】
・一問一答ではなく、「対話」で深層心理を探る

デザイン思考の「リサーチ」において、観察と並んで大切なのが「インタビュー」です。対象となる人々を傍で「観る」だけでなく、正面から向き合って話を「聞く」。実際のユーザーやターゲットに問いを投げかけ、その答えから「潜在ニーズ」を導き出すヒントを得る。それが、インタビューの役割です。

話を聞く中ですぐに得られるのは「顕在ニーズ」。常日頃から「こうだったらいいな」と感じていることですから、みなさん前のめりで教えてくれます。

しかし、これはちょっとインタビューすれば誰でも得られる情報。話を聞くスキルもいりませんから、必然的にライバルが多くなる。似た商品やサービスが増える。スピード勝負に

なる。価格競争に陥りやすくなってしまいます。

そこで本物のデザイン思考家がインタビューで探っていくのは、人々の潜在ニーズです。本人も気づいていないような欲求を見つけるために話を聞いていく……と言うとシンプルですが、そう簡単ではありません。

まず、一問一答式のアンケートのようなやりとりではなく、「一答」もらうごとにていねいに掘り下げていく「対話型」のインタビューでなくてはなりません。なぜそう思っているか？　いつからそう感じているか？　たとえばこういうシチュエーションだったらどう思うか？　アンテナを研ぎ澄まし、どこかにあるはずのヒントをその場で探っていきます。

・インタビューではウソをつく!?

その中で気をつけなければならないのが、インタビュー中の「ウソ」です。

オフィスに来てもらったりカフェで話を聞かせてもらったりすると、その時点でインタビュイーは「よそゆき」の顔になります。緊張するし、いいことや期待されていることを答えようとする。よくも悪くも優等生的で、ある意味「誘導尋問に引っかかってくれる」。どこにいても自分の意見をはっきり持ち、ブレずに述べることができる人などほとんどいないことを忘れてはいけません。

ある食品ブランドは、それまでのターゲットとは別に、ファミリー向けにもサービスを展開したいと考えていました。そこで小さい子どもを持つお母さんにグループインタビューをしてみると、「健康にいいオーガニックな食品を選んでいる」「子どもにはできるだけ手作りの料理を食べさせている」と答えた層のボリュームがもっとも大きかった。……これだけ見ると、「イケる」と思いますよね。

ところが、このお母さんたちの「お宅訪問」をして、ちょっと冷蔵庫を見せてもらうと……冷凍食品がわんさか出てきた！　電子レンジでチンするだけの総菜や、瓶詰めされた離乳食など、リアルな食生活がそこにはありました。

さて、この家庭に、オーガニック食材を一から調理するようなニーズがあるでしょうか？　答えは、「ノー」です。

手を抜きたいわけじゃない。子どもの健康が気にならないわけじゃない。なるべく農薬が少なくて栄養豊富な食品を、自分の手で調理したい。

でも、お母さんは圧倒的に忙しいんです。「共働き夫婦のライフスタイルたるもの」「母親たるもの」という理想に基づいたすばらしい食材を送られてきても、実際は活用できません。

もし、グループインタビューを素直に信じたら、「子育て世代向けオーガニック野菜の定期配達」を企画することになるでしょう。

しかし、はじめは理想から申し込んでくれたお母さんたちも、冷蔵庫の中で腐りゆく野菜を見て後悔し、1か月後には解約してしまう。……遠くない将来、サービス自体をストップさせることになるはずです。

もちろん、彼女たちは「だましてやろう」なんて思っているわけではありません。ただ、「自分をどう見せたいか」「どんな自分でいたいか」という気持ちで味つけされた回答になってしまっただけ。

そうさせないためには、どうすればいいか。できるだけ「リアル」に近い状況で、取り繕わなくていいような状況をつくるしかありません。会社の会議室に招いてインタビューするのではなく、一軒ずつ「お宅訪問」する。リラックスできる場所で話を聞く。できるだけ「よそゆき」じゃないその人と対話するしかないんですね。

とはいえ、「ウソ」のリサーチがまったく役に立たないかというと、そうではありません。いわば、ユーザーの「願望」があらわれているわけですから。

この場合、インタビューでの回答（願望＝家族の健康を気にかけたい）と冷蔵庫の実状

（忙しい）、そしてオーガニックブランドのやりたいこと（ファミリー層に健康的な食事を広めたい）を掛け合わせて考えると、「実現可能なオーガニック」に鉱脈がありそうだと気づけます。「15分でできるオーガニック料理のキット」なんてサービスもいいかもしれませんね。

「観察」と同じくリアルな現場を用意し、インタビューで本心を引き出すことがいちばんの理想です。でも、もし本心を語ってもらえなかったと感じても、それを情報として次のプロセス（「問い」を設定する）で活かすこともできる。宝の山であることに変わりはないのです。

・エクストリームユーザーにヒントあり

ＩＤＥＯがリサーチの取っかかりとしてよく使うのは、「エクストリームユーザー（極端なユーザー）」へのリサーチでした。一般的なユーザーではなく、プロやオタクのような「超ユーザーの人たち（Ａ）」と「ユーザーではない人たち（Ｃ）」に話を聞くのです。

たとえばスマホに関するリサーチだったら、３台持ちで使いこなしているユーザーと、人生で一度もスマホを所有したことがない人、というふうに。ＩＤＥＯでは前者をエキスパー

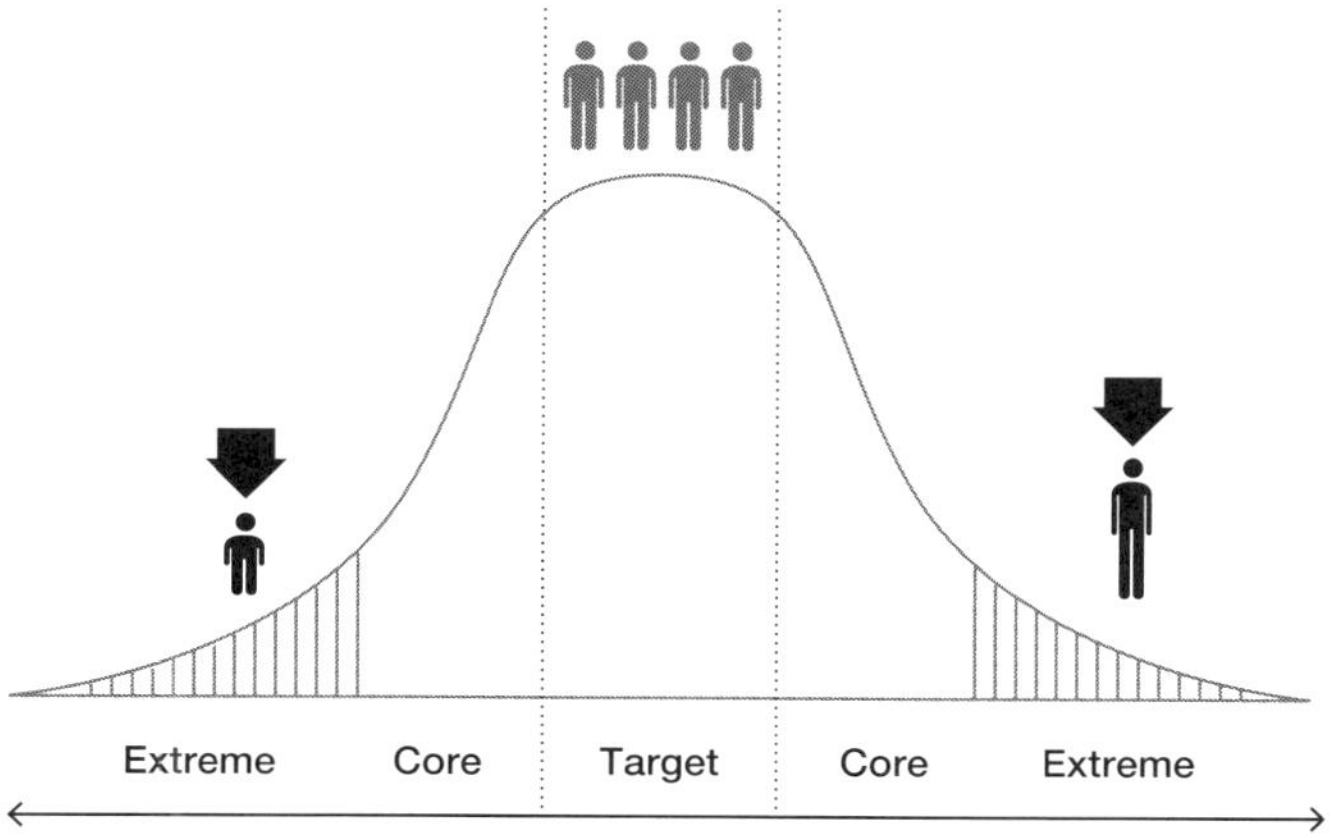

トユーザー、後者をナイーブユーザーと呼んでいます。

なぜこれら両極端な人たちに話を聞くべきか。「スマホを持っていて、主に使うのはメッセージアプリとSNS」といったコアのユーザー（B）は、「すでに使ってくれている人」だからです。ものすごい不満や要望がないから、またそこそこのリテラシーがあるから使ってくれているわけで、出てくるのは「おサイフケータイ機能がついてるといいな」「もうちょっと軽かったらいいいな」といった、現実的で顕在的なニーズのことが多い。言ってしまえば、誰でも考えつくレベルのアイデアに留まってしまうんですね。

それらを聞いて素直に反映しても、「あっ」と人を惹きつけるものにはなりません。改善で終わってしまうのです。

一方、AとCの人の話は、開発側に大きな気づきを与えることが多い。Aの場合は、開発者が想像もしていなかった、特殊な使い方をしていることがあります。すると、そのプロダクトに関する、隠されたニーズを発見することができるのです。

Cの場合も同様です。これほどスマホが普及しているにもかかわらず、あえて使わないユーザーには、「使わない」明確な理由が存在します。その理由を掘り下げていくうちに、多くの人が「そういうものだ」と無意識のうちに我慢している課題や、それを乗り越えるための手段が見つかるはずです。

つまり、エクストリームユーザーは、肯定的であれ否定的であれ、明確な意見や要望を持っていることが多く、それによって効果の高い調査結果を得ることができるのです。

①デザインリサーチ（観察／インタビュー）

②シンセシス／問いの設定

③ブレスト＆コンセプトづくり

④プロトタイピング&ストーリーテリング

「自分たちが解くべき問題はなにか?」を決めていくフェーズ。リサーチによって大量に集まった情報を整理、分類、解釈して意味づけし、どのようなプロジェクトにしていくか決めていく。具体的には質の高い「問い(ブリーフやテーマ、課題)」をつくり、それに基づいた戦略を立ち上げます。

ただし、(80ページの図にはありませんが)基本的にはリサーチに入る前の段階で、一度「問い」をつくって仮置きします。それをもとにどんな人にリサーチするか決め、リサーチ結果をもとにもう一度「問い」をブラッシュアップしていくのです。

どうしても「問い」の方向性が定まらない場合は、リサーチを先にしてしまうことも。老若男女にリサーチし、引っかかりを感じたあたりを再度集中的にリサーチしていきます。

・いいサイズの「問い」を考える

IDEOでは、クライアントからいただく依頼は漠然としたものばかりでした。売上を伸ばしたい。顧客を増やしたい。あたらしい事業をはじめたい。IDEOとなにかやりたい

──。そのような依頼から、どのように「適切なサイズの問い」にしていくかがはじめのポイントだったのです。

問いのサイズとはどういうことか？　ぼくはワークショップの際、よく次のような質問をしていました。

「あなたはレコード会社のプロデューサーです。ある日社長から呼び出され、直々に指令を下されました。さて、次の3つのうち、どの指令がもっともおもしろそうでしょうか？」

①「アイドルを売り出して、CDの売上を前年比130％にできないか？」
②「ファンとの距離が近く、より親近感を持てるアイドルグループを売り出せないか？」
③「握手会を定期的に開催したり、ファンの投票によるランクづけをしたりする大所帯のアイドルグループを売り出せないか？」

まず、①は問いが大きすぎる例です。この問いは、大海原にぽんと放り出されるようなもの。どの分野で、誰に向けて、なにをつくればいいのか、決めることが多すぎて途方に暮れてしまいます。ですからこのサイズの問いから出たアイデアはとっちらかって、「なんでもあり」になってしまいがち。メーカーでよく掲げられる、「新製品でイノベーションを起こす」といった問い（テーマ）はこれにあたりますね。

また、やけに具体的な③は、問いではなく「指示」。発想が広がらず、メンバーはただ社長の手足となって計画を実行するしかありません。これはゴールもルートもすべて指定されたレースのようなもので、ひたすらタイムを縮めていくだけの戦いになりがちです。

では、②ならどうでしょうか？　過度に抽象的でも具体的でもなく、チームメンバーで集まったときにさまざまなアイデアが飛び交いそうな予感がしませんか？　この「広がりすぎず、制限しすぎず」が、ちょうどよいサイズの問い。「質の高い問い」です。

ＰＤＤ時代、日本企業のコンサルをしながらヨーロッパやアジアの企業とも仕事をする中で、ぼくがいちばん気になったのは「問い」の設定の仕方が違うことでした。

当時の日本企業が立てるのは「どうすればこの掃除機を〇万台売ることができるか？」といったものばかり。問題解決を行っていくには、いくぶん「小さすぎる」サイズの問いでした。

一方、ほかの国では「どうすればモノが多い家でもストレスなく掃除できるか？」「どうすれば掃除にかける時間を短くできるか？」「そもそも汚れない家はつくれないのか？」といった、良質な問いがバンバン立っていたんです。

問いの質は、アウトプットの質に直結します。「良質な問い」をつくれている Google やＩＤＥＯといった企業は、「連続的に」イノベーションを起こしているのです。

・いい「問い」が出てくるまであきらめない

ぼくがＩＤＥＯで携わった、菓子メーカー・明治のチョコレートをリニューアルするプロジェクトでは、とくに「問い」の質を高める意識を持っていただくところからスタートしました。

じつは、はじめに担当者の方にいただいたのは、パッケージをリデザインしてほしいという依頼でした。高級路線のチョコレートをリニューアルするにあたって、もっとプレミアム感のあるパッケージをつくってほしい、というわけです。

しかし、「造形でそれらしく見せる」のは、本来のデザインではありません。ですから、ぼくの返事は、「ノー」（ＩＤＥＯは「0から1を生み出す仕事しかしない」と明言していて、現場も仕事を受けるか断るかの裁量を与えられていました）。

「そのお仕事なら、いいグラフィックデザイナーをご紹介しますよ。彼に頼んだほうが、コスパもいいですし」

それでも担当の方は、「いやいや、ＩＤＥＯさんとやりたいんです」と言ってくださる。とてもありがたいのですが、おもしろい案件にするためにはいい問いが必要です。ぼくは彼らが本当のデザインを理解し、意味のある問いを見つけられるよう、いままでＩＤＥＯが携わってきた事例をいくつか紹介しました。どのような問いを立てていたか。また、それによってどのような価値を生み出したか説明し、一度帰っていただいたのです。

翌週。社内リサーチを踏まえて設定された問いは、「チョコレートの消費量を上げるにはどうすればいいか」でした。

日本における一人あたりのチョコレート消費量は、年間およそ2キロに留まっている。一方でイギリスは8キロ、アメリカはなんと10キロ。「日本も5キロくらいまでは増やせると思うんです」というお話でした。

でも、「消費量を増やす」は、まだまだ本質的ではありません。売上目標と大差ない話です。「たくさん食べてもらうってどういうこと?」「どう食べてもらえれば量が増えるの?」といったところまで深掘りできていなかったわけです。

じつはこのとき、ＩＤＥＯの共同創業者であるデビッド・ケリーがオフィスに来ていたので、「いまこんな相談をもらっていて」と話を振ってみたんですね。すると彼は、いたずらっこのような顔をして「I have an idea」と言いました。

「アーモンドチョコレートのボックスに3粒足せばいいよ。そうしたら、消費量は上がるでしょ?」

「……と言っていますが、そういうことがやりたいんですか?」と聞くと、明治の方は「うーん、そういうわけでは……」となる。

そもそも明治さんにおける商品開発は、「チョコレートをたくさん食べてもらうため」に行われてきたはずです。味を変え、色を変え、かたちを変え、創意工夫をこらしながらあたらしいチョコレートをつくってきた。その上でいま、どういうことがやりたいのか?……そんな視点を投げかけ、その日は解散しました。

そして、翌週のミーティング。彼らはとてもおもしろい問いを持ってきてくださったのです! それが、ライフスタイルからの切り口でした。

「自分たちには、日本におけるチョコレート文化を牽引してきた自負があります。これからも、そのカルチャーを前に進めていきたいと考えている。ここでひとつ、まったくあたらしいライフスタイルを提案したいんです」

「子どもだけではなく、大人がチョコレートの時間を愉しむ。このあたらしいチョコレートカルチャーの創出を、一緒に考えてくれませんか？」

「そのカルチャーが広まることによって、結果的に消費量を増やしていければと考えています」

はじめのパッケージリニューアルや数値目標の話から、ずいぶん変化、いや進化したと思いませんか？

・リサーチで見つけた、「体験」のヒント

さて、ここまで方向性が定まったら、リサーチの角度も自然と決まります。２週間と期限を区切り、チョコレートの文化や文脈に詳しい人、造詣が深そうな人にとことん会いに行きました。

その中でもとくにおもしろかったのが、「チョコレートくん」。新発売のチョコレートは必ず発売日に試す、海外のチョコレートは旅行に行く人をＳＮＳでつかまえて買ってきてもらう、筋金入りのチョコレートオタクの男の子です。

そんな彼にチョコレートをどういう環境で食べるのか聞いてみると、

「部屋の温度と湿度を調整して、すべての音を消して、割る音から楽しみます。そして香りを吸い込みます」

とぶっ飛んだ答えが返ってきたんです。チョコレートの楽しみは、味だけじゃなかった！　この「チョコを五感で楽しむ」こだわりは、いままでにない視点でした。

もうひとつリサーチでおもしろかったのが、チョコレートとウイスキーのペアリングをウリにしている渋谷のバー。店主がウイスキーとチョコレートのオタクで、お客さんたちは

「このカカオ70％のチョコを口に含んで、少し溶かしてからこのウイスキーを飲みなさい」

と細かい指南をいただけるんです。

「ただ酒を飲みたいだけなのに面倒くさい」と感じる方もいるかもしれません。でも、こうした指南があるところにこそカルチャーは生まれていきます。ほら、ワインやコーヒーにもウンチクというか、「知っておくべきこと」みたいなものが山ほどあるでしょう？　一部の熱狂的な人がルールをつくり、指南し、それが次第に広がり、一般的な嗜好品として親しまれてきたわけです。

「嗜好品のカルチャーをつくって定着させるには、ある程度の指南やウンチク、つまり情報が必要だ」……これも、問いから導いたリサーチ結果のひとつです。

さて、こうしたリサーチを経て、「大人の『チョコレート体験』をあらたにデザインする」という問い（テーマ）がカッチリ決まりました。

そしてカカオの品質、濃度や香り、舌触りなどの要素を組み合わせて、大人が愉しめる高品質なチョコレートを開発。のみならず、そのチョコレートとお客さんのタッチポイントを戦略的につくっていったのです。

具体的には、「広告を見てあたらしいカルチャーを試す人は少ない。まずは実際に体験してもらおう」と考えました。

「大人の嗜好品」というあたらしいチョコレートカルチャーを認識していただくためには、メディアによる一方的な押しつけではピンと来ないまま終わってしまう。体験してもらい、クチコミで広げていくのが効果的だと判断したのです。

結果としてチョコレートのリニューアルは大成功をおさめました。

もしあのとき、「高級感のあるパッケージをデザインする」方向に話が進んでいたら、「大人が高品質な本物のチョコレートを嗜む未来」が拓かれなかったことは、間違いありません。

このように、質の高い問いこそが質の高いソリューションを生み出します。しかも、「なぜこれをやらなければならないか」が明確になるから、メンバーのモチベーションにもなる。

プロジェクトに携わった明治のみなさんも非常に熱いパッションを持って取り組まれていて、ぼくにとっても思い入れのある案件です。

①デザインリサーチ（観察／インタビュー）
②シンセシス／問いの設定
③ブレスト&コンセプトづくり
④プロトタイピング&ストーリーテリング

アイデアの方向性を固め、一言であらわすコンセプトにまとめていくフェーズ。どんなアイデアの可能性があるかチームで案を出し合い、膨大な選択肢を用意する（拡散）。その上でテクノロジー的に、またビジネス的に成り立つかどうかを見極めながらコンセプトを絞っていきます（収束）。

先ほどのバンク・オブ・アメリカの例で言えば、「問い」は「カードのヘビーユーザーが口座開設したくなるようなサービスは？」。この問いに沿ってアイデアをブレインストーミング（ブレスト）した結果生まれたコンセプトが、「お釣りを貯金できるデビットカード」

となります。

・アイデア出し7つのルールと2つの「マジックワード」

ブレストは、日常に存在するさまざまな「枷《かせ》」や「抑制」を取り払い、アイデアを自由に発散するために行われます。

よいブレストをするためには、「自由のためのルール」が不可欠です。このルールは、免許のようなもの。みなさんが安心して道路を走れるのも、全員が「免許」というルールを共有しているからでしょう？　みんながマイルールに従って思い思いに車を走らせていたら、怖くてとても外に出られませんから。

さて、この「自由のためのブレストのルール」は、全部で7つあります。

1. トピックに忠実であれ（お題に沿っていないと、ただムダ話が盛り上がるだけになってしまいます）

2. ぶっ飛んでよし（かっこつけたアイデアや常識的なアイデア、「賢く見せたい」という下心のあるアイデアは、ブレストには必要ありません）

3．すぐに判断／否定するなかれ（そのバカげたように思えるアイデア、思わぬインスピレーションにつながるかも！）

4．会話は一人ずつ（発言は、前の人が言いたいことをすべて言い切ってから）

5．質より量を（なるべくスピーディに、ひとつでも多くのアイデアを）

6．描け、視覚的であれ（みんなでイメージを共有しよう）

7．他者のアイデアを広げよ（自分のアイデアに固執せず、メンバーのアイデアに乗っかったり盗んだりしてみよう）

この7つはブレストをする前に、必ずチーム全員で共有してください。ちょっと否定的な人がいるだけで、ブレストの質はガクッと落ちてしまいますから。

もうひとつ、プロジェクトリーダーにのみ課せられたルールもあります。それが、「最初にクレイジーなアイデアを出すべし」。「社員の健康を促進するために階段利用者を増やすにはどうすればいい?」「エレベーターを爆破しちゃう!」といった、突拍子もないアイデアがいいですね。

みんなを油断させ、発言のハードルを下げるような、とびきりのぶっ飛びアイデアをお願いします。

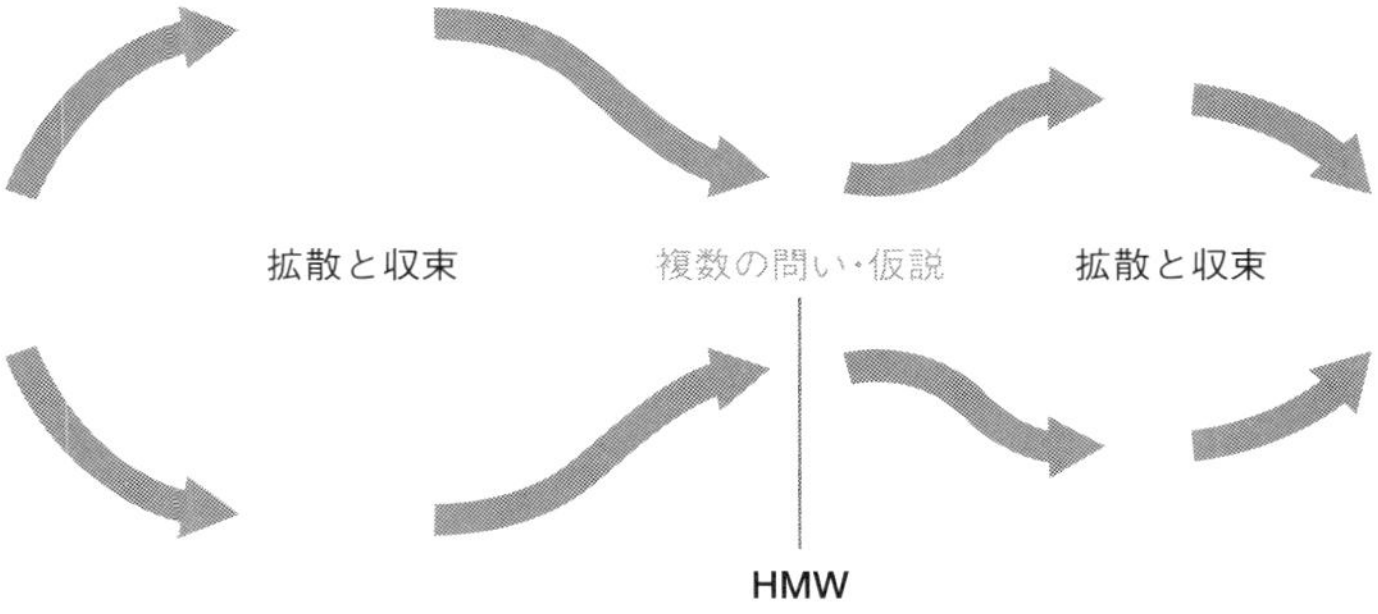

また、ＩＤＥＯがブレストで使うマジックワードが２つあります。

ひとつ目が、「How Might We?」（ＨＭＷ）。日本語にすると「どうすればできそうか?・」という問いです。これは、アイデアをチームで実現するための思考を促すフレーズです。

「How」は、「いかにしてそれを実現するか」という姿勢をあらわしています。「できるかどうか」、白か黒かの判断ではないんですね。

「Might」は、「〜しうる」。答えはひとつではなく無数の可能性があること、また「検討している（＝とりあえずアイデアを出してみよう）」というニュアンスを示します。

「We」は、課題が「わたしたちのチームのものである」意識を明確にしています。

「それってむりじゃない?」というネガティブな態度をはねのけ、もっといいアイデアをチームで前向きに探し続ける。そんな建設的な姿勢をあらわした、きわめてIDEOらしい言葉選びだと思います。

2つ目が、「Yes, and…」。相手のアイデアを一回しっかり「いいね!」と肯定した上で「加えて……」「次に……」と発言しましょう、ということですね。「No」でもないし、「Yes, but…(そうだね、でも……)」でもない。アイデアを拡散させるときに欠かせない話法が、「Yes, and…」なのです。

・「宙ぶらりんを受け入れよ」。仮説は次のアイデアの呼び水でしかない

デザイン思考のブレストでは、アイデアの選択肢を出しまくる「拡散」と、それらのアイデアを転がし凝縮させていく「収束」のフェーズを繰り返します。

しかしはじめのうちは、「拡散」のフェーズなのに「まずは方向性を決めよう」「それって現実的? 予算は?」と収束モードに入ってしまう現象がほぼ100%起こります。というのも、議論の方向性を明確に決めない宙ぶらりんの状態(つまり仮説のない状態)は、目隠

ししながら自転車をこぐようなもの。お尻がむずむずするし、心許なくて仕方がないんです。でも、この不安に負けて議論を収束させ、すぐに手近なアイデアに飛びついていては、イノベーションは起こせません。それは、すでに頭の中にあった「常識的なアイデア」に過ぎないからです。

では、デザイン思考では仮説は持たないのかというと、そういうわけではありません。デザイン思考で持つのは、仮説は仮説でも「サクリフィシャルコンセプト」。アイデアを出すための、呼び水としての「犠牲になるコンセプト」を複数持ちながら走るのです。

ですから決して、「おれのアイデア」や「おれの仮説」に固執してはいけません。初期の段階で「このアイデア、めっちゃいいじゃん！」と盛り上がりすぎてしまうと、それが否定されそうなときになんとか活かそうとしてしまう。その仮説を証明するために議論をねじ曲げてしまう。結果的にアイデアの幅をせばめてしまうのです（そして残念ながら、冷静に考えたらたいしたアイデアではないことがほとんどです）。

デザイン思考における仮説は、「暫定解」ではありません。あくまで、さらにアイデアを出すために存在する踏み台です。「もういらないな」と思ったら未練を持たず、さっと手放してしまいましょう。

・ポストイットはアイデアの可視化に役立つ

ブレストといえばポストイット、というイメージが、日本にもだいぶ定着してきたようです。ポストイットは、「頭の中を言語化して、外部化するツール」。うまく使えないと悩む方も多いようですが、リサーチで得た情報やアイデアをアウトプットして、自分を含めたチームメンバーや関係者に「見える化」することが目的です。むずかしく考えず、とにかく「頭の中身を出して・書いて・貼って」を習慣づけましょう。

また、ぼくはブレストに入る前にふと頭に浮かんできたアイデアを「パーキング（駐車）」させるのにもポストイットを使います。どうなるかわからないアイデアの種を書き出し、パーキングエリア（ホワイトボードなど）に置いておくんです。このように、使い方は本当に自由なんですね。

おすすめなのは、情報やアイデアを共有するための「ポストイットの部屋」をつくること。プロジェクト中、ここに入ればメンバーが常に同じ情報を共有できる。プロセスや進捗もひと目でわかる。そしてクライアントにも、ユーザーへのリサーチによる「生情報」をどんどんインプットしてもらえる、という部屋です。

この部屋は誰でも立ち入りOKで、IDEOではプロジェクトメンバー以外の社員にもどんどん入ってもらいます。すべてが可視化されているためすぐに全体像をつかんでもらえ、アイデアのヒントを得られることがとても多いのです。

部屋を確保するのがむずかしい場合は、オフィスの壁の一画でも構いません。いずれにしても、だまされたと思ってやってみてください。「すべての情報とアイデアが可視化されたスペース」があることのメリットをすぐに実感できると思います。

・万能！「主観的」なユーザー設定

「30代既婚男性／子ども一人／賃貸暮らし／都内在住／年収600万円」。このように、一般的なターゲティング（ユーザー設定）では年代や年収などのステイタスを用いることがほとんどです。「その人がどんな人で、どんな生活をして、どんなことに興味があるか」を、ステイタスから導き出そうとしているわけですね。

でも、はたしてこの区切り方は本当に役に立つのか？　とデザイン思考家は疑います。考え方や行動の傾向は、ステイタスとは関係ないのではないか、と。

たとえば同じ「中学3年生／男子／偏差値55／お小遣い1000円」でも、性格や親の教育方針によってお小遣いの使い道はまったく違います。

同じ「男性／独身／都内在住／年収1000万円」でも、起業家とサラリーマンだと考え方も行動も、もちろんお金の使い方も違います。

つまり、年齢や属性といった区分には、考え方や行動の傾向は反映されないのです。「30代既婚男性／子ども一人／賃貸暮らし／都内在住／年収600万円」の人は探せばいるかもしれませんが、こうして文字にすると、いかにも「架空のAさん」という感じがするでしょう？

そこでデザイン思考では、ステイタスではなく行動パターンなどの「性質」を考えます。「どんなふうに考え、行動するか」でユーザー像を考えていくんです。

たとえば新しい生命保険をデザインするとき。ぼくたちは次のような行動パターンに落とし込んでユーザー像を捉えていきました。

・エクスプローラー（探検家）……自分で情報収集して、たくさんのオプションを調べて、

Passenger
常に並走してガイダンスを
求める行動をすることができる

Path Finder
ゴールや道筋さえ示してもらえれば、
自ら進むことができる

Explorer
自分から進んで学び、
チャレンジすることができる

他人に頼らず自分で決めたい人。相手を信頼していない場合が多い。

・パスファインダー（先駆者）……効率とスピード重視で、さっさと次に進みたい人。とにかく早く終わらせたい人。

・パッセンジャー（乗客）……1から10まで全部説明してほしいけれど、主体性はない。担当者に二人三脚を求めるタイプ。比較的母数が多い。

こちらのほうが、「30代既婚男性／子ども一人／賃貸暮らし／都内在住／年収600万円」より、契約を検討するのときの行動やお金に対する考え方のパターンがリアルに想像できませんか？

このタイプ分けは、プロジェクトごとに設定し直します。だからこそ、どういうタイプのユーザーがいるか、このプロダクト（またはサービス）をどう捉えるか、どう行動を起こすか、具体的に想像しやすい。より詳細な戦略を練ることができるんです。

また、こうしたユーザー像は「ぼくたちのお客さんはこっちのタイプだよね」と目星をつけるときにも使えます。「こっちのタイプの人にはどんなサービスが刺さるかな？」とアイデアを出すときにも活用できます。汎用性が高いツールなのです。

ただし、この方法にはデメリットもあります。それは、その行動パターンを持つ人が何人いるかわからないということ。人を説得しづらいということです。

年代や性別といった属性のデータは、世の中にいくらでもあります。だから、「メインターゲットは都市部を中心に20万人います」と言える。プレゼンに説得力が出る。でも、行動パターンは数値で語ることができません。「確実にいるんです。でも、何人いるかはわかりません」としか言えないのです。「新しい家電を買うとき、店舗に行って実物を見た上でネット購入してポイントを貯めるちゃっかりした人」なんて、世の中に何人いるかわからない。でも、みなさんの周りにも、確実にいるでしょう？

ぼくの経験から言うと、大企業や歴史ある企業に勤めていて、しっかりした会議で何度も稟議をとおさなければならない人ほど、ここで怖じ気づいてしまうことが多いようです。

それでも、このように行動パターンで人間をタイプ分けするやり方は、「主観」で申し訳ないのですが、かなり精度が高い。あらゆる業種、職種で使えるツールです。ぜひ活用してみてほしいと思います。

①デザインリサーチ（観察／インタビュー）
②シンセシス／問いの設定
③ブレスト&コンセプトづくり
④プロトタイピング&ストーリーテリング

プロトタイプ（試作品）を使い、そのアイデアを手に取れるものにして確認するフェーズ。実際のそのプロトタイプをユーザーに試してもらい、フィードバックと修正の反映を繰り返します。そして最終的なかたちが見えてきたら、どのようなストーリーで伝えていくかをまとめていきます。

Build to Think, Think to Build.

・プロトタイプをつくってちゃぶ台をひっくり返せ！

デザイン思考家は、アイデアを出し合いながらどんどんかたちにしていきます。できるだけさっと――できれば1分で、オフィスにあるものだけで――プロトタイプをつくってみるのです。

このフェーズでは、実際と同じ素材を使うとか、細部まできれいに整えるといったこだわりは一切不要。大切なのは、1分でできるプロトタイプを、何度も何度もつくること。トライアル＆エラーを繰り返すことです。美しいものをつくる必要はないし、不器用でも絵心がなくても問題ないし、時間も労力もかける必要はない。「たたき台」をつくる気持ちで構いません。

……といくら言っても、「ちゃんとしたもの」をつくりたがるのが、まじめな日本人。でも、デザイン思考家たちは、本当に「さっ」とつくるんですよ。モノづくりのプロジェクトなら、オフィスにある文房具を寄せ集めてプロトタイプをつくってみる。アプリの開発なら、ポストイットにイラストを描き、スマホを模した四角い箱に貼りつける。お金も時間も使わないのです。

よく誤解されるのですが、プロトタイプは「完成品の見本」ではありません。あくまで、チームメンバーの価値観やイメージをすり合わせたり（言葉のやりとりだけではわかり合えていない部分が絶対にあります）、アイデアを推し進めたりするためのもの。また、実際のユーザーに試してもらい、「こういうコンセプトのアイデアをどう思うか？」「お金を払ってでもほしいと思えるか？」と確認していくためのものです。

実際のユーザーの反応を見ながらプロトタイプをつくり替えていくやり方は、とくに旧来の「企画書ありき」のアプローチとかなり違うところかもしれません。このプロセスによってよりよいアイデアが見つかり、もう一度③の「ブレスト＆コンセプトづくり」に戻ることだってあるのですから。

こうしてちゃぶ台をひっくり返すのは勇気がいることです。でも、だからこそ「リリースしたけど的外れ」にならずに済む。おじさんたちがおじさんたちの価値観で完成度を上げるのではなく、ターゲットの価値観で完成度を上げることができる。この「走りながら、考えながら、つくりながら進める」やり方は、ＩＤＥＯでは「Build to Think, Think to Build」、すなわち「つくっては考え、考えてはつくっていく」という言葉で表現されています。

未完成なプロトタイプでもいいから、リアルに落とし込む。フィードバックをもらったら修正を反映し、またプロトタイプをつくる。

デザイン思考には、そういったクイックな身のこなしとマインドが必要なのです。

・ファクトではなく、ストーリーで語る

野球ファンの中に、各選手の打率や出塁率だけを見てその選手を好きになる人はいません。甲子園時代の活躍ぶりやドラフト会議でのドラマなど、さまざまなストーリー込みでファンになっていきます。

ビジネスの世界でも、スペック（数字やファクト）などの売り文句ではなく、そのモノやサービス、体験にどんな背景があるのか、どんな思いが託されているのかといった「ストー

リー」を語るのは当たり前のことになってきました。

ストーリーには、「覚えてもらえる」「みんなをひとつにする」「シェアする」力がありま す。みなさんも学生時代、授業で聞いた年号は一瞬で忘れても、先生が話したちょっとした歴史の裏話（「武田信玄は芋虫が大の苦手で……」とか）は妙に記憶に残っていたりするでしょう？ いまも、会議で伝えられた戦略なんて右から左に流れていくのに、ふと雑誌で読んだベンチャーの創業話に共感し、周りの人に話したりするでしょう？


デザイン思考でも、このストーリーの力を活用します。71ページのシンガポールの事例で言えば、このような感じでしょうか。

「緊張感と高揚感に胸を高鳴らせ、一人の若者がシンガポールを目指します。審査。荷造り。引越し手続き。そして飛行機に搭乗し、ようやくシンガポールに辿り着いた彼は、入国の書類にペンを走らせた。そのとき、明らかに顔が強ばったのです……」

こうしたストーリーを描くことで、社内の上司やクライアント、ユーザーなど聞き手に共感してもらうことができます。愛着を持ち、シェアしてもらうことができるのです。

さらに、世の中の変化のスピードがますます速くなり、ビジネスの場でもロジックではなく直感で意思決定することが増えてきました。スタートアップがベンチャーキャピタリストに投資を決めてもらう際にストーリービデオ（動画）をつくることがありますが、これは彼らの直感に訴え、理屈じゃなく「応援したい！」と思ってもらうためですね。

ストーリーで伝えることは、聞き手の心を動かすこと。アイデアを世に出す第一歩として、必要不可欠なのです。

◆　◆　◆

ここまでデザイン思考４つのプロセスに沿ってご説明してきましたが、おおまかな流れは理解できたでしょうか？

リサーチして材料を集め、それに意味づけをして「問い」に変え、戦略を練り、ブレストでアイデアを出し合い、プロトタイプをつくりユーザーからフィードバックをもらい、ストーリーで語る。

――こうして並べると、非常にシンプルな思考法だということがわかると思います。

しかし、実際にやってみると、80ページの図の矢印のとおりPhase1からPhase4に向かってまっすぐ進んでいくわけではないことに気づくでしょう。じつはこのプロセス図自体、かなり単純化したものです。実際のプロセスは、非直線的で反復的。行きつ戻りつしながら、ちゃぶ台を何度もひっくり返しながら、ゆるやかに、しかしスピーディに前進していくのです。

「答えに向かって一直線」タイプの問題解決に慣れていると、その曖昧さや無秩序さに戸惑い、頭を抱えてしまう方も少なくありません。「宙ぶらりん」を楽しむマインドが欠かせないんですね。

ぼくも、デザイン思考をこうして体系立てて理解し、身体に染み込ませるまでは苦労しました。クライアントのみなさんも、最初はほぼ全員が戸惑われます。

でも、本当に「不慣れ」なだけで、みんな必ずできるようになります。ひとつひとつのステップを、ていねいに実践していきましょう。苦労しているということは、前進しているということなのですから。

ただし、「こんなもんでいいかな」と妥協して適当な「問い」を採用したり、誰でも考えつくようなアイデアでよしとしたりしていては、絶対に上達できないのがデザイン思考。「デザイン思考家」になることをあきらめず、粘りつつ、楽しみつつ、真正面から取り組んでくださいね。

第4章

デザイン思考を実行する組織と、「個」のあり方

個々人のスキルから、社会全体の文化へ

1964年、東京オリンピック・パラリンピック。

これは海外に日本の存在感をアピールしただけでなく、日本におけるデザインのレベルをひとつ押し上げた国家的イベントでした。

自動開閉ドアのタクシー。文字が読めない人でも解読できるピクトグラム。急ピッチで建てられるホテルのために生まれたユニットバス。……さまざまな分野で画期的な発明が次々に生み出され、スポーツ文化の醸成はもちろん、デザイン（もちろん「本来」の）の面でも大きく前進したのです。

2020年には再び東京でオリンピック・パラリンピックが開催されます。これは、停滞していた日本のデザインを大きく変化させるチャンス。官民一体となった大きなうねりの中で、一般の人のデザインに対する意識も変わってくるのではないか、と期待しているところです。

でも、ぼくにはもうひとつの野望があります。もっと大きく、もっと困難な野望と言える

かもしれません。

それはデザイン思考を、この国の「当たり前の考え方」にさせること。論理性や客観性だけに頼らない、より人間らしくて創造的な思考法を、この国の「当たり前」にしたいのです。そんな大きな野望を叶えるためにはどうすればいいか？

本書のような「教科書」が多数出版されること。ワークショップが開かれること。そして個々人がそこでの学びを実践していくこと。もちろんこれらも大切ですが、まだまだ「本丸」ではありません。もっと大切なのは、企業やあらゆる組織、そして社会の「文化」そのものを変えていくことなのです。

先に述べたとおり、デザイン思考は一人ではできません。つまり、チームをつくる必要があります。さらにあなたの主観に価値を置き、その意見を認めてくれる文化も必要です。デザイン思考を本気で実践しようとすれば、おのずと組織を変える話、社会を変える話になっていくのです。

ということでここからは、デザイン思考を実行できる組織や社会とはどのようなものか、そんな組織や社会であなた自身が「個」としてどのように生きていくべきかといった、やや視野を広げたテーマで論を進めていきましょう。

その前段としてまず、ぼくが大学を卒業したあと、プロダクトデザイナーとしてパナソニックでの業務に従事したときの話をさせてください。このとき日本企業がどのような「デザイン」をしていたのかを振り返りつつ、企業や組織にどういった考え方や文化、視点が必要なのかを明らかにしていきたいと思います。

2人の尊敬するデザイナーからのアドバイス

ロンドンの大学に通いながら「デザイナーズ・メーカー」（29ページ）として活動していたとき、パナソニックの方から「入社試験を受けてみないか」と声をかけていただいたのは先に書いたとおりです。デザイナーとして「ノッていた」ときでしたが、ぼくはすぐにそのお声がけに応じることにします。

なぜなら、当時はまだ日本のモノづくりが世界一と信じられていた時代。iPhoneはおろかiPodさえも世に出ていないタイミングでしたし、「最強の日本企業」で学べることはたくさんあるに違いない、と考えたのです。

また、大学時代にアルバイトをしていたデザインユニット・AZUMIの安積伸さん（数々の賞を受賞し、世界でもっとも使われているハイスツール「LEM」をデザインされた方です）から「欧米の企業は新人にデザインを任せることはほぼない。けれど日本企業では、早い段階で先輩社員と競争させてもらえる」と伺っていたことも、ぼくの背中を押してくれました。

さらにちょうどそのころ、大阪で行われた照明の展示会で、デザイナーの西堀晋さんとお会いする機会にも恵まれました。

西堀さんはスティーブ・ジョブズ&ジョナサン・アイブ時代のAppleにデザイナーとして入社され、初代iPodのデザインなどに携わられた方です。ぼくがお会いした当時は、31歳でデザインしたCDプレイヤー「p・case」を大ヒットに導いたあとパナソニックを退職し、フリーランスのデザイナーに転進されたばかりでした（その後、ジョナサン・アイブにヘッドハントされたそうです）。

そんな西堀さんに今後のキャリアについて相談すると、「一度は日本企業に勤めてごらん」とすすめられたのです。「忍耐力もつくよ」と。

尊敬する2人のデザイナーから同じアドバイスをいただいたわけですから、それに従わない理由などありません。ぼくは当時、パナソニックのデザイン部門を担当していたパナソニックデザイン社の門を叩きました。

パナソニックで求められた「ガッツ感」

試験を突破していざ入社してみると、おふたりのおっしゃるとおり、すぐに実践の場に立たせてもらうことができました。１年目からどんどんデザイン案を出し、先輩たちと議論する機会を与えてもらいました。

しかし同時に、自分がイギリスで学んできた「デザイン」とはまったく違うプロセスが求められることへの戸惑いもありました。

まず、どんな製品をデザインするときにも求められたのが、「パナソニックらしさ」。これは、ブランドの一貫性を持たせる意味では、当然のことです。

一方、「パナソニックらしさ」を実現する上で、具体的に一部のカテゴリーのデザイナーたちが口にしていたのは「ガッツ感」という言葉でした。いわゆるイメージを伝える合い言葉のようなもので言語化はむずかしいのですがゴツゴツしていて立体的、と言えばいいでしょうか。「ＳＨＡＲＰらしい携帯電話」や「ＳＯＮＹらしいテレビ」との違いというと、なんとなくそのニュアンスが伝わるかもしれません。最近のデザインを見るとそうでもありませんが、当時はそれが美意識としてあったんですね。

「機能を大前提とし、必要な部分を残してできるだけ引き算をしながら、ユーザーの使い勝手をよくしていく」

プロダクトデザインに対してそういう感覚を学んでいたぼくにとって、この「ゴツゴツ」とどう付き合うかは大きな課題でした。

また、当時はぼくが若かったこともあり、企画段階から商品開発に関わることはなかなかありませんでした。コンセプトやスペック、目標台数などが決まった状態で、「競合商品より軽く見えるように」「50代男性がターゲットだから高級感を出して」といった最終的なアウトプットだけを求められるように感じていました。デザインはその狭い範囲の中で、A案、B案、C案と微妙な差をつけながら絵を描くような世界に思えていたのです。

つまりデザイナーだった当時のぼくは、これからどんな製品開発をするかについて企画書の情報でしか知らされなかったし、アウトプットにしか携われなかったし、「この会社らしさ」を理解している人（つまり社歴が長い人）のデザインが採用されやすいし、そこからハミ出るようなデザインは求められなかった、と感じていたのです。

今から振り返ると、パナソニック時代にうまく成果を挙げられなかった一番の原因は自分自身の未熟さにあります。実際、パナソニックには世界でも名の知られた優れたデザイナーの先輩も多くいました。あそこで学んだことは多かったし、言葉にできないほどの感謝をしています。

しかし、イギリスから帰ってきたばかりのぼくがかなりのカルチャーショックを受けたのも事実です。必死で説得して、なんとか自分のデザインを押し通したりもしましたが、当時はあまり理解されませんでした。

はじめはくすぶった思いを抱いていましたが、そんなぼくを奮起させたのは「お客さんによろこんでもらっている」という実感でした。たまたま飲みに行った店に自分がデザインした製品が置かれていると、うれしくて、思わずお店の方に話しかけてしまう。そんなことが何度かありました。

結果として、入社当初考えていたより長い時間をパナソニックで過ごし、「もう一度、デザインの本場イギリスで勝負しよう」と渡英を決意。ＰＤＤに入社したのです（入社してすぐの試用期間中にリーマン・ショックが起こり、社員の２割がクビになるという非常事態に心の底から戦々恐々としましたが……無事に生き残ることができました）。

さて、ここでぼくはＰＤＤの日本部門の代表として、日本企業に「デザイン」を提供するチャンスをつかみます。というのも、イギリスにはＵＫＴＩ（UK Trade & Investment）

と呼ばれる、自国のデザインを他国に売り込む経済振興機関があるんですね。そしてその日本オフィスは、千代田区のイギリス大使館にある。ここに日本の経済人を多数招き、イギリスの商品やサービスを売り込んでいくのです。

ぼくはＰＤＤの人間としてこの活動に参加させてもらい、日本のビジネスパーソンにＰＤＤの、そしてビジネスにおける「デザイン」の重要性について、富士通やニコン、日立などでプレゼンする機会をいただきました。そのプレゼンによって、日本企業のクライアントを獲得していったのです。このときの活動はメディアにも注目され、ＷＢＳで取材していただく光栄な体験もしました。

日本で働く人たちに、デザインのさまざまな役割を伝えることができるかもしれない。企業を、日本を変えることができるかもしれない――。ぼくは、とてもワクワクしていました。

しかし、この経験によって、ぼくはより危機感を募らせることとなったのです。

日本企業は「問い」の設定が下手

当時、ぼくはSpeedo、Novo Nordisk、Innocentなどヨーロッパの企業やサムスンやＬＧエレクトロニクスといった韓国企業とも仕事をしていました。だからこそ、日本企業に携わったとき、その「問い」の質の違いをダイレクトに感じてしまったのです。

たとえば日本企業が「他社より1センチでもテレビを薄くしなければ」「できない？ じゃあ、どうやったら薄く見せることができるか」と侃々諤々《かんかんがくがく》としているとき、韓国のメーカーはデザイナーをチームに招き、「テレビの未来」という問いを立てていた。「テレビを通して医療を提供できるのではないか？」といった、コンテンツの話をしていたんです。

まとめると、それぞれのデザイナーは次のような仕事をしていました。


A・当時の「日本的」デザイナーの仕事……多くの場合、あらかじめ規定されたスペックを守りつつ、目標販売台数を達成するためにデザインする（できるかぎりテレビを薄くする、もしくは薄く「見える」ように色やかたち、素材を整える）。

中には規定されたスペックにとらわれず、部門を横断して新しい価値創出を試みるデザイナーもいたが、そうしたデザイナーを十分に活用する組織体制にはなっていない。


B・「本来の（グローバルでの）」デザイナーの仕事……真のニーズを探っていきながら、ユーザーにとってのあたらしい価値を探す（「なぜ薄いテレビが求められるのか？」「いや、そもそもテレビとはどういう存在か？」「テレビを見るとはどういう行動か？」と本質から考える）。

もちろんAの仕事にも、「もっとかっこいいものをつくろう」「売れるものをつくろう」という向上心や職人魂はあります。長い間、そうした職人魂が日本メーカーの強さを支えてきた面もあります。でも、これはイノベーションではなく「改善」です。

この「改善」に邁進した結果、日本のメーカーはポータブルMDプレイヤーやMP3プレイヤーなどコンパクトオーディオプレイヤーの音質向上にしのぎを削っていました。もっと生演奏に近い音を。もっと振動に強い本体を——。

ところがそうこうしているうちに、「人」が持つ本当のニーズから考え出されたプロダクトに、ごっそり顧客をかっさらわれてしまった。そう、みなさんご存知、iPodとiTunesの発明ですね。

「人」は深層心理で、音質の向上より、よりたくさんの音楽を持ち歩くことを求めていた。そしてAppleはそのニーズを発見し、「すべての音楽をポケットに入れる未来」をつくってしまった。

パナソニックで音響機器を担当していたぼくは、その圧倒的な「デザイン」に衝撃を受けました。ショックというよりは、心の底からワクワクしたんです。

助け合いの文化こそ、イノベーションの鍵

さて、昔話が長くなってしまいましたが、ぼくは決して「だから日本企業はダメなんだ」と言いたかったわけではありません。

デザインは経営資源であること。そしてデザインに対する正しい認識が、いかに企業の明暗を分けるかということをお伝えしたかったのです。あたらしい未来をつくり出すためには、それを支えるだけの企業文化や組織が必要なのだ、と。

ここで問題になるのが、どんな企業や組織をつくっていけばいいのかということでしょう。

まず、企業というのはあくまで人の集まりです。ですから、一人ひとりが第1章でお話しした「デザイン」の概念を正しく理解し、「デザイナーになる」意識を持つことが大前提。その上で、デザイン思考を実践するための組織づくりをしていかなければなりません。

その参考となるのは、……なんといってもＩＤＥＯでしょう。

ＩＤＥＯはデザインコンサルティングファームの名を冠していますが、デザインしているのはクライアントのビジネスやサービスばかりではありません。自分たちの組織や働き方ま

でデザインしているのです。

なぜかと言えば、もちろん、自分たちの創造性を最大限に高めるため。「いかにすばらしいアウトプットを出すか」「いかに大きなイノベーションを起こすか」といった課題に対し、それを解決する組織の仕組みをつくるのもデザインの役割であるということを、ほかのどの企業よりも理解しているからです。


では実際、ＩＤＥＯという組織はいったいなにがすごいのか。なぜ次々にイノベーションを起こせるのか。

この疑問を出発点にＩＤＥＯを2年もかけてリサーチした論文が数年前の『ハーバード・ビジネス・レビュー』に掲載され、話題になりました（日本版では『ＤＩＡＭＯＮＤ ハーバード・ビジネス・レビュー』２０１４年6月号に掲載）。

ＩＤＥＯの組織を研究したのは、ハーバード・ビジネス・スクール教授のテレサ・アマビール、ボストン大学のコリン・Ｍ・フィッシャー、ペンシルバニア大学のジュリアナ・ピルナーの３人。彼らは社員にセンサーをつけ、観察し、インタビューを重ね、アンケート調査し、どのように働けばＩＤＥＯのようにイノベーションを起こせる企業をつくれるのか徹底的に分析しました。

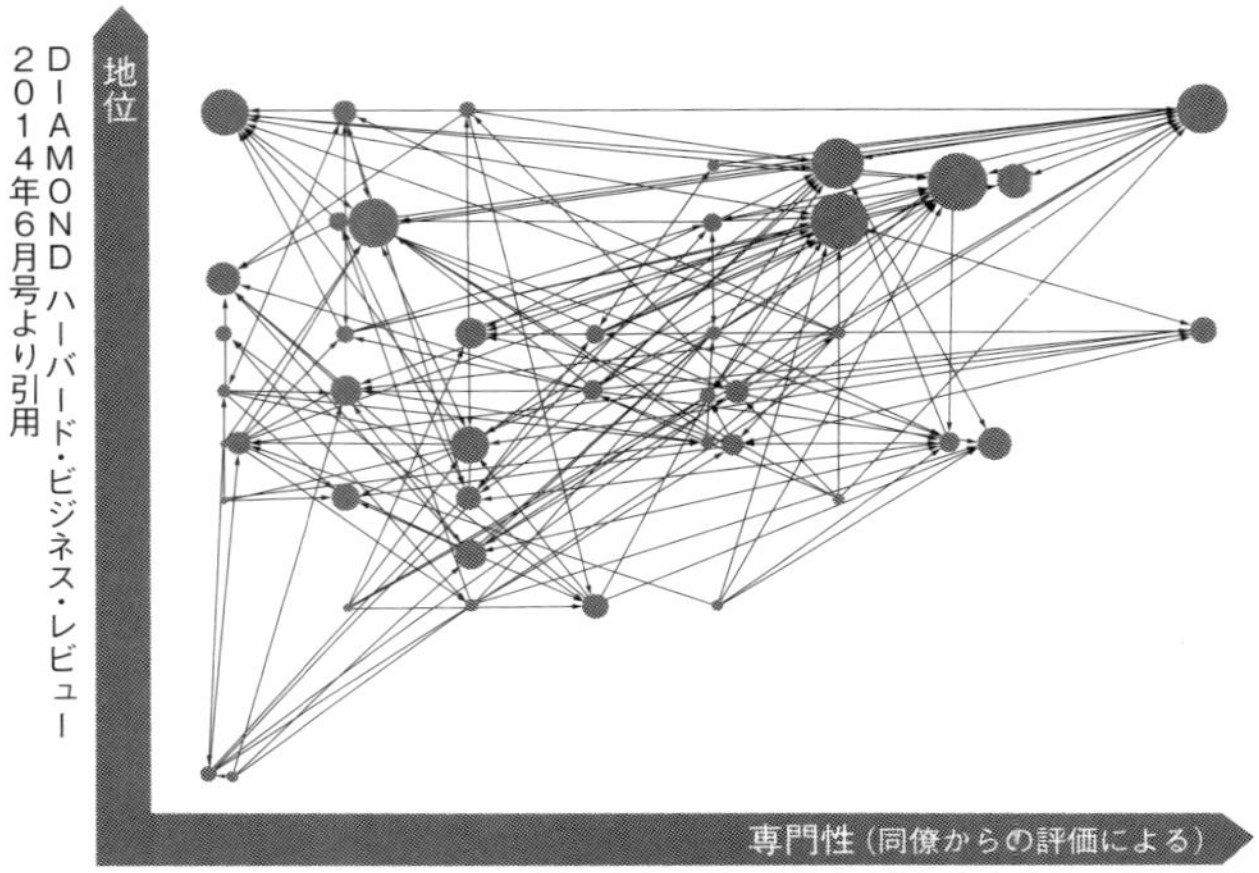

※円の大きさは、同僚から「自分を助けてくれた」と名指しされた回数に比例。

その結果をまとめた論文のタイトルこそが、「IDEO's Culture of Helping」。

そう、ＩＤＥＯをＩＤＥＯたらしめているのは、助け合いの文化だったのです。

上の図を見てください。この図は、縦軸が地位（日本的に言えば部長、課長、平社員）、横軸が専門性（デザイナー、エディター、建築家、心理学者など）をあらわしています。その中で、どの人がどのくらい助け合っているか、点と線で表現されています。

この図を見てすぐにわかるのが、横の線の動きと、斜めの線の動きが多いということ。その一方で、縦の動きがきわめて少ないということでしょう。これは「上司に相談」よりも、「まったく違う職能を持っている同僚に相談」のほうが盛んに行われているということです。

さらに注目すべきは、「助力者（助けを求められた人）」として引く手あまたな人が、あらゆる階級に散らばっていること。地位や肩書きに関係なく、「同僚」として等しく助け合っていることがわかります。

IDEOでは、「このアイディアについて意見がほしいんだけど、1時間くれない？」と頼めば、たとえその人が自分のプロジェクトで忙しくても、必ず時間を見つけてアドバイスをくれます。「助けて！」「教えて！」と声を上げれば、「なになに？」「もちろん！」と周りが支えてくれる。一切出し惜しみせず、知恵を貸してくれるのです。

これは、それぞれ自分の仕事を抱え、時間に追われ、売上目標（ノルマ）やタスクが個人に課せられている一般的な企業には、なかなかない文化ではないでしょうか。

IDEOにおいて、助けを求めることは不名誉なことではありません。

個人の成果を気にしない助け合いの文化、仲間のために一肌脱ごうとしてくれる文化こそ、長い目で見れば高い成果を挙げる要素になっている。

一見非合理的な文化が、スピーディに革新的なアイデアを生み出す基盤となっているのです。

あなたは「何のプロ」か？

もちろん、「助け合いの組織」であるためには、いくつかの欠かせない要素もあります。まず、個々人の能力や役割が際だっていること。そして、それに対する信頼関係が成り立っていることです。

自分もなんらかの分野のプロフェッショナルであり、誰かに頼られる存在でなければ「助けられっぱなし」になってしまいます（先のリサーチで調査した部署では、「助力者」として指名されなかった人は、なんと一人もいませんでした）。

また、その「自立したプロフェッショナル」の数が少なければ、結局は一部の優秀な人間に仕事が集まるだけの、ふつうの組織に成り下がってしまうでしょう。

つまり、「自分はこの分野のプロフェッショナルである」という看板を全員が持ってこそ、助け合いの文化は成立するのです。

さらに、ほかの社員へのアクセスのしやすさも大切です。疑問を抱いた瞬間、誰に助けを求めればいいかわかり、すぐに声をかけられる環境とも言えますね。

物理的な話で言えば、ＩＤＥＯのオフィスには「ちょっと立ち話」するのにうってつけの場（バーカウンターのようなテーブル）が用意されています。それも、広大な空きスペースの真ん中に。わざわざ会議室を予約するのは、よっぽどの相談でないとしづらい。こうした場があるだけで、同僚に声をかける心理的なハードルはぐっと下がるのです。

また、ＩＤＥＯの社員は気分転換したいとき、仕事に飽きたとき、アイデアが浮かばなくなったとき、「Who wants coffee?（コーヒーを飲みに行きたいんだけど、誰か一緒に行かない？）」と周りの社員に声をかけます。勤務時間中だから……などと言わず、みんなで近所のおいしいコーヒーショップに連れ立っていく。こんなふうに気軽に雑談できる関係をつくっておくことで、いざというときには助け合えるし、自分を取り繕ってかっこつけたり、萎縮して意見を呑み込んでしまったりすることもなくなるわけですね。

加えて、ＩＤＥＯはグローバルにオフィスを展開しているので、「シンガポールにいるアイツがその道のプロだよ！」と教えてもらうことも多々ありますが、直接会ったことがなくても気軽に連絡できる雰囲気があります。もちろん、「これについて知りたいんだけど誰か詳しい人いない？」と全社員に一斉メールを送ることもできるし、それにどんどん答えてもらえます。

環境や仕組みを整備することで、助け合いのカルチャーを加速させているのがＩＤＥＯなのです。

各分野のプロフェッショナルが集まるけど、分業はしない

「助け合い」ともうひとつ、ＩＤＥＯのカルチャーを象徴するものとして、「コラボレーションが徹底されていること」が挙げられます。

ＩＤＥＯでは（＝デザイン思考においては）、基本的に一人で仕事を進めることはありません。プロジェクトの最初から最後まで、ずっとチームで動く。これは、心地よく仕事する上で欠かせない要素と言えるでしょう。

なぜコラボレーションが心地よさにつながるかと言うと、まず、一人にかかる精神的な負担がきわめて軽くなるからです。「自分一人が背負わなければならないタスク」「自分一人がどうにかしなきゃいけない状況」が、一切ない。だから、プレッシャーに押しつぶされることも、誰かに責められることもない。困ったらすぐに相談できるし、みんなで熱く盛り上がった先に解決策がある。こうした環境って、多少忙しくてもあまりストレスがかからないんです。正確に言えば、議論をしたり考えたりする作業自体は、ストレスがゼロとは言いませんが、前向きな負担という意味で「よいストレス」なのです。

また、コラボレーションする際はまったく違う分野のプロフェッショナル同士でチームを組んでいくわけですが、ここでおもしろいのは、専門が違う人と組んでも「分業はしない」ということです。

どんな職種であっても、全員でリサーチする。全員で「問い」を決める。全員でアイデアを出し合う。プロトタイプをつくるときも、「プロダクトデザイナーだからあなたが絵を描く担当ね」なんて限定しません。もちろん最後の最後、リサーチをまとめるのはリサーチャーが、絵を整えるところはデザイナーが、といった部分的な分業はあります。でも、それはあくまで「上手にできるから」くらいの意味合いなのです。

各分野のプロフェッショナルとして求められているのは、あくまで「多様な視点」。ひとつの課題に対して、「ファイナンス的な観点から見ると」「心理学的には」「エンジニアリングの要件では」など、さまざまな視点が集まることに大きな価値がある。この視点を重ね、練り込み、結晶のようなアイデアにしていくことが目的ですから、分業したら意味がないわけです。

しかも、「分業しない」は言い換えると、「全員がすべてのフェーズで当事者意識を持てる」ということでもあります。つまり、プロジェクトをとおして「自分が見つけた／考えた／決めた」という興奮を得られ続けるということ。この強烈な当事者意識は、アウトプットの質にもダイレクトに影響します。

考えてもみてください。かたや「こういう結果になったので、このプランに沿って絵を描いてください」とリサーチャーから言われたアイデア。かたや一緒に現場を見に行き、帰りのタクシーの中で「あれがおもしろかった、この視点も加えたいね」と盛り上がりながら行き着いたアイデア。……前者と後者では、どちらが「いい仕事をしよう」と思えるでしょうか？

もちろん、「全員がすべてのフェーズで当事者意識を持てる」は、「それに関してはわかりません」が許されない、とイコールでもあります。メンバーは情報量が均一なはずですから、誰が指名されても同じようにプレゼンできなければならない。「自分の担当じゃないんで」とか、ほかの人への「あれ、どうなってます？」は通用しない。そういうシビアさはあると言えるでしょう。

プロフェッショナル同士で責任を共有し、脳みそをシェアする。この安心感が、ＩＤＥＯを活性化させる要素だったことは間違いありません。６年間お世話になったぼくにとっても、本当に居心地がいい場所でしたから。正直、自分がＩＤＥＯを辞めるときが来るなんてまったく思っていませんでした。同じ志を持った仲間が、ＩＤＥＯという環境が、とても好きだったのです。

チームビルディング、チームセットアップのすすめ

ただし「いいチーム」をつくるためには、ただ異なる分野の優秀なプロフェッショナルを集めればいいわけではありません。どれだけデザイン思考に関して百戦錬磨のメンバーが集まったとしても、チームビルディングは欠かせないのです。

ぼくが見てきたかぎり、チームビルディングの重要性を理解し、しっかり時間を取っている企業は日本ではまだ数多くはありません。本当なら、最低でもキックオフ前にチームメンバーと関係者を全員集め、お互いの顔を見ながらプロジェクトの目的を伝える必要があるのに、それすら満足にできていないことがほとんどです（ただ、最近は「チームビルディングに力を貸してほしい」と依頼されることも増えてきました。どうやら、「人さえ集めれば勝手にチームとして機能するわけではない」ということに、感度の高い企業は気づきはじめているようです）。

具体的なチームビルディングの方法として、ＩＤＥＯはキックオフ前に「チームセットアップ」と称して次のようないくつかの仕組みを取り入れています。パソコンのセットアップと同じで、はじめに時間をかけてあらゆる「設定」をほどこし、チームがうまく「作動」するように整える、というわけですね。

ただし、これらはほんの一例です。参考にしながら、ぜひ自分たちならではのセットアップ方法を考えてみてください。

・プレフライト

プロジェクトをキックオフする「前」に行うミーティングです。クライアントやメンバーなど、関わる人が全員集まり、目的や期間、ビジョンの共有を行います。また、チームにどんなスキルを持つメンバーがいて、それぞれどんな役割を担っているのかを確認します。

・ミッドフライト

プロジェクトの中間で、チームのムードがどうか、プロセスに課題や修正できることはあるのか、ゴールに向かって順調に走っているか、新たに追加して何ができるか？　などを第三者を交えて行う。

・ポストフライト

プロジェクトの終了後に、個人個人のためのフィードバック、チームとしての学びの共有、プロジェクトを振り返ってみて、次にどのように繋げられるかなどをキャプチャーする。これによって、プロジェクトを実施するたびに成長する機会としている。

・チームアグリーメント

チーム内のルールを、自分たちでつくります。心地よく仕事をするためのルールで、だいたい5、6個ほど決めることが多いでしょうか。ぼくがいままでアサインされたチームでは、「すべての発言はプロジェクトの成功のために行う（私情を挟まない）」「アイデアを出す場でヒエラルキーは意識しない」といったルールを決めていました。

また、「プロジェクトが進行する3か月間はこういう働き方をしたい」といった希望もこのときに伝えます。「子どもを保育園に迎えに行かなければならないから、17時には帰りたい。そのかわり、8時にはオフィスにいるようにするよ」というメンバーがいたら、「じゃあ、全員それに合わせようか」といったように、働く時間も働き方も、（会社や部署ではなく）チームベースで決めていきます。

・ファイブダイナミック

誰でも受けられるオンラインのテストで、一人ひとりの得意／不得意を分析し、レーダーチャートにあらわします。この得意／不得意は技術的なことではなく、ずばり「気分」。プロジェクトを４つのフェーズに分け（デザイン思考４つのプロセスとは別のものです）、どこで気分が盛り上がり、どこで気分が下がるのかを教えてくれるツールです。

1・Explore（探検する）……プロジェクトを動かしはじめる。
2・Excite（刺激する）……テーマ、コンセプトを決める。
3・Examine（調査する）……検証する、リサーチする。
4・Execute（実行する）……アイデアを現実化していく。

このツールを使うと、Aさんはコンセプトづくりでやる気がもっとも高まるが後半は萎む一方だ、Bさんはアイデアの「実行」からしかエンジンがかからない、といった「気分の動き」がわかります（ちなみにぼくは完全に、プロジェクトをはじめるときに盛り上がり、あとは「できるけど……」と消極的になるタイプです）。

チーム全員でこの個性を把握していくと、「うちのチーム、後半でがんばれる人が誰もいないぞ！」と気づくことができる。その上で「じゃあ、Ｃさんにも入ってもらおうか」とあらかじめ準備することができるのです。

「気分が上がらない」と言うと、甘えているように聞こえるでしょうか？　でも、じつはこれ、意思でどうにかできるものじゃない。責めても仕方がないことなんです。そこで、「足りないなら補えばいいじゃん」と建設的に考えるのがＩＤＥＯのチームビルディング、というわけです。

多才な仲間がいることこそ、これからの価値

日本企業ではまだ、「全方位的に優秀な人」が評価されるケースが多いようです。しかしこれでは、その人がもっともバリューを発揮しうる仕事に１００％没入することができません。優秀だからこそ仕事が集まり、本来しなくていい仕事で消耗してしまうことになるのです。

コラボレーションが当たり前になると、こうしたジレンマに陥ることがなくなります。

経済学の本を夜な夜な読んでも、経済学者には敵わない。建築をいくら学んでも、建築士のように家を建てることはできない。技術について勉強しても、エンジニアのようにコーディングはできない。

だったらコラボレーションしましょうよ。みんなで「得意」を持ち寄ってひとつのことをやったほうが絶対にパフォーマンスが高いでしょ？……というのがＩＤＥＯの、そしてデザイン思考的な考えだと信じています。自分が人並みにできることをむりに伸ばそうとするのではなく、まずは自分が圧倒的に得意とする分野──「コアとなるスキル」をひとつつくる。その上で、ほかの人とつながる。結果的に、このほうが大きな成果を生み出せるのです。

たとえば、少し前までのプロダクトデザイナーは、目の前のＣＤコンポを美しく仕上げるスペシャリストであればよかった。コラボレーションする必要はありませんでした。

けれどいまは、コンポをつくるときには「曲を売る仕組みを考えよう」というインフラ的な発想が必要です。「一曲いくらで売るか」といったビジネス的な発想も欠かせません。しかし、ここでインフラやビジネスについて一から勉強していては、さらに世の中に置いていかれてしまいます。

そこで自分の専門スキル（プロダクトデザイン）を活かしつつ、インフラのプロ、ビジネスのプロとコラボレーションしながらあたらしい音楽機器のあり方を発想していく、というわけですね。

全方位的に優秀であることよりも、「自分にできること」が明確で、いろいろな能力を持った仲間がたくさんいることのほうに価値がある。スキルに偏りがあっても「自分にはこんなに多才な仲間がいます」という人のほうが幸せだし、強い。

いま、そんな時代にシフトしてきているとあらためて感じています。

弱みを見せる勇気を持つ

こうした多才な仲間と組むときに、ひとつ気をつけなければならないことがあります。

それが、「自分をよく見せないこと」。これはＩＤＥＯでもよく言われることで、「チャレンジはしてみる、やったことがなくても」「悩んだらすぐに社内のエキスパートやメンターに相談する」といった意識が徹底されています。

人間は、自分で全部やらないといけないというプレッシャー、できるように見せたいといったややこしさを抱えると、途端にストレスを感じます。それに、「やります、できます」

と言ったのにたいしたアウトプットを出せない状態は、かなりしんどい。

そんな胃の痛い状況にならないよう、あらかじめ自分ができることとできないことを、周りにはっきり提示する勇気が必要です。


たとえばぼくはデザイナーですが、すべてのプロダクトをデザインしたことがあるわけではありません。宇宙船のデザインを期待されていることが判明したら、「やったことはないけど、本当にぼくでいいんですか?」と、はじめに確認しなければなりません。

コピーライターとしてチームに入ったと思ったら、じつは映画のシナリオを書く能力を期待されていた。ウェブマーケターなのに、コンテンツマーケティングの仕事を振られた。

……実際のビジネスの場でも、こういった齟齬《そご》が発生することは意外とありますよね。

このとき、「期待されてるし、できるかもしれないし……」と自分を大きく見せると、あとが大変です。それに、チームとして想定していた能力が得られないわけですから、プロジェクトにとってもマイナスでしょう。

こういった事故を防ぐためにも意識したいのが、とにかく人に見栄と虚勢を張らないことです。

できないことは、はっきり言う。相談し、教えてもらう。もしくは任せる。

上手にコラボレーションするためには、自分の弱さ（Vulnerability）をさらけ出し、共有する勇気を持たなければならないのです。その上で、新しいことにチャレンジする際には、学び、キャッチアップする前提でスタートを切るとよいでしょう。

「あの人はリーダー」と思われたらリーダーになる

そもそも、ぼくはＩＤＥＯを「組織」と呼ぶことに少し抵抗があります。いわゆる上下関係や管理はないも同然でしたし、友人とか家族といった「コミュニティ」の感覚がとても強かったんですね。

もちろん「コミュニティ」とはいえ、プロジェクトを円滑に進める上ではチームを牽引するリーダーが必要です。しかもデザイン思考のリーダーは、「予定調和にならないようメンバーを導き、まだ見ぬ未来に先陣を切って突き進む」重要な役割を担っている。ですからＩＤＥＯにおいて、プロジェクトリーダーに昇進することはかなり大きな意味を持っていました。

しかも、「プロジェクトリーダーには自然と選ばれなければならない」のが、ＩＤＥＯのルール。

人事が一方的に指名するのではなく、周りの人から「あの人はリーダーだよね」と認められていなければ昇格できないのです。これ、ふつうの会社と順番が逆ではないでしょうか？では、「あの人はリーダーだ」と思われる人はどんな人か。言葉にするとシンプルで、「メンバーの能力を引き上げることができる人」です。

さまざまな能力を持っている個々のメンバーを、その人らしく最大限力が発揮できるよう、ギリギリまで自由にさせる。一方で、ぶっ飛んだアイデアに走りすぎたり、議論が横道に逸れたりしないように、流れを微調整していく。

デザイン思考を使うのは、少人数かつ短期のプロジェクトにおいてです。その成否は、メンバー一人ひとりの力をどれだけ解放できるかにかかっています。決して「マネージャー（管理する人）」になり、メンバーの個性を抑え込んではいけないのです。

それと、もうひとつプロジェクトリーダーの大事な仕事があります。それがクライアントや上司との調整です。

仮説を立てずにわいわい盛り上がっているさまを見て不安になっているクライアント、そして眉間にシワを寄せる上司に、「来週から収束に入りますから」と状況を伝える。そこまでの議論をていねいに説明する。理解・共感してもらう。――こういった「外交」もリーダーの仕事なんです。

この「外交官」が不在だと、「こいつらムダ話ばっかりしてないか⁉」と疑われてしまう。不信が続けば、最終的に「ワケのわからないアイデアを出してきた」と思われてしまう。そうなると、せっかくのすばらしいアイデアも実現できなくなってしまいますから。

すべてのチームに意思決定の裁量を

ここまでＩＤＥＯがデザインした組織、そしてチームづくりについてご紹介してきました。すべての組織がＩＤＥＯのようであるべきとは言いません。それでも、「どうすればもっといいチームになるか」はどんな企業、組織でも一考の価値があるはずです。

というのも、従来の「ふつう」の組織構造では、どれだけメンバーが一生懸命でも、イノベーションが阻害されてしまいがちなんですね。スピードが失われ、パッションが消えてしまうような仕組みになっているのです。

ぼくは実際に企業のお手伝いをする中で、この仕組みについてずっと危機感を持ってきました。プロジェクトを進める中でワクワクするアイデアがまとまってきても、「上に確認します」「広報に確認します」「他部署に確認します」と言われることが、本当に多い。そして、言ってはいけないことややってはいけないことの注意書き、また「論理的でない」「見たことがない」の苦言とともに突き返されてしまう。

コンセプトワードひとつとっても、「この文言は使えない」「誤解されるといけないので、もう少し柔らかい表現で」「株主にも考慮して」と、一文字残らず赤字が入ることもありました。それを踏まえてもう一度文章を練り直し、また上の階層に確認し……と、このやりとりをまともに繰り返すと、本来3か月で終わるプロジェクトも何十年とかかってしまうのでは、と気が遠くなるわけです。

基本的に、イノベーションプロジェクトはひとつのプロジェクトを3~4か月で進めていきます。このスピード感こそ、これからの時代の法定速度。それなのに、上長に確認、他部署に確認、とプロセスと時間を重ねて渋滞していては、「人」の求めるものが変わっていってしまう。チームが抱いている現場感覚とも、どんどん乖離していきます。

では、組織がアイデアの芽をつぶさないために、どうすればいいか?

まずなによりも、「チームに意思決定の裁量が与えられていること」が不可欠です。

そしてこれは、デザイン思考にかぎった話ではありません。どんなビジネスであっても「現場で意思決定すること」はこれからの「当たり前」になっていくでしょう。世の中のスピード的にもそうですし、判断の精度は現場がいちばん高くなっているべきだからです。それに、はじめにどれだけ強いパッションがあっても、「上」がすべての裁量を握っていては当事者意識はみるみる萎んでいきます。「なんだよ、ぜんぜん現場のことわかってないくせに」と愚痴を吐きながらこなす「やらされ仕事」になってしまう。そうなると、クオリティを高く保つことなど不可能です。「いつの間にかぽしゃってしまった」ということになれば、もう、無気力になって当然です。

そうならないためにも、会社ありき、部署ありき、階級制度ありきの組織構造を捨てる必要がある。小さなチームが無数に存在する、あたらしい仕組みをつくらなくてはならないのです。

同じパッションを抱いたさまざまな能力を有する仲間が集まり、明確な意思を持って機敏に動き回り、終わったら解散する小さなチーム。ここには、固定された役割や管理は存在しません。「縦」に対する意識が強い従来のピラミッド型の組織ではなく、まるくて小さな「ミニ会社」がたくさんできるイメージですね。そしてこの「ミニ会社」にそれぞれ意思決定の裁量がある、というわけです。

５９７ページ（！）の大著ながら日本でベストセラーとなった『ティール組織――マネジメントの常識を覆す次世代型組織の出現』（フレデリック・ラルー著／英治出版）にも、「売上ではなく、存在目的に従って行動する」「上下関係や予算もない」「意思決定はすべて自分たちで行う」「人事部がなく、評価や給料も自分で決める」といったあたらしい組織のあり方が示されています。夢物語のように聞こえるかもしれませんが、確実にこの流れが来ているのです。

なぜライト兄弟ははじめに飛行機を飛ばせたのか?

それぞれ決定権を持った小さいチームに優秀な人が集まり、おもしろいプロジェクトを守り立て、大小さまざまなイノベーションを起こしていく。いま、そんな社会に向かって世の中が少しずつ動きはじめています。

その中で、中央集権やピラミッド型組織、ヒエラルキー構造はだんだんと過去のものになっていきます。先ほど述べたように、これらは個々のパフォーマンスやモチベーションが上がりづらい、非合理的な仕組みだからです。それに終身雇用が崩れていけば、個人としてもそういった組織にいることのメリットがなくなっていくでしょう。

なにより、自分のパッションに従った仕事を、同じパッションを持つ仲間とやり抜くほうが、ずっと「楽しい」。楽しく仕事をすれば、結果もついてくる。ビジネスとして成功すれば、金銭的なリターンも大きくなる。

そういう人が周りに増えるほど、ただお金のために与えられた仕事をこなすモチベーションは低くなる一方です。個人のパッション、「楽しい」や「やりたい」で動く社会になっていけば、みんながそちらに流れていくのは自然なことなのです（ということは、副業ＯＫの流れは企業のためにもなるわけです。自分のパッションに従った活動もしたい優秀な人に残ってもらいやすくなるのですから）。

ぼくは、世の中を変えるのはパッションだけだと信じています。

世界ではじめて飛行機を飛ばしたのは、ご存知のとおりライト兄弟です。しかし同時期、同じように世界初飛行を目指しているチームがあったのをご存知でしょうか？　それがサミュエル・ラングレーという人物が率いたチームです。

彼はハーバード大学に在籍し、スミソニアン博物館に勤務し、陸軍省から大きな投資も受けていました。人脈もありましたから、「飛行機開発のための「最高の頭脳」を集めたエリートチームを構成した。ニューヨーク・タイムズにも取り上げられ、世間の人は彼らこそが最初に飛行機を飛ばすだろう、と期待していました。

ところが、その大方の予想は外れました。自転車店を営むライト兄弟チームが、「１番」

の座を勝ち取ったのです。もちろんさまざまな要因が絡まり合った結果ではありますが、その理由を一言であらわすなら「パッションの差」でしょう。

エリートチームは、報酬をもらいつつ「与えられた仕事」に取り組んでいた。一方でライト兄弟チームは、カネも設備もカツカツ、ハーバード大学どころかふつうの大学すら出ていないけれど、「絶対に飛行機を飛ばすんだ！」というパッションだけは図抜けていた。結果的に、そのパッションがイノベーションを起こしたのです。

ここで忘れてはいけないのは、飛行機をつくり、飛ばしたのはライト兄弟のチームであって、ウィルバー・ライトとオーヴィル・ライトの「2人」ではないということ。お金や名声のためではなく、純粋にパッションに共感して集まった多様なメンバーがいたからこそ、飛行機を飛ばすことができたということです。

パッションがある人は未来志向だし、「自分がやってやる」という強烈な当事者意識を持っています。これは「やらされ仕事」と反対の概念と言えるでしょう。そしてこの「やらされ仕事」とデザイン思考は、とても相性が悪い。小さなチームの中にパッションがない人、同じ未来を同じ解像度で見つめられていない人が一人でもいると、驚くほど熱量が落ちてしまうのです。

そのため、IDEO Tokyoの創業間もないころの入社面接では、「日本を変えたいと本気で思っているか?」をしつこいほどに確認していました。スキルよりも、パッションを共有できるかを最重要視していたのです(ぼく自身、立ち上げに携わるかどうかの面接では本社の人間に「そのままイギリスで暮らしてもハッピーなのに、本当に帰ってきたいの?」と何度も問われました)。

最近の研究でも、人間が適切な意思決定をするためには「目的」や「動機づけ」、つまり「なぜこれをやるのか=WHY」が必要だという結論が導き出されています。意思決定をする際に使われているのは、「なにをする=WHAT」をつかさどる大脳新皮質ではなく、「WHY」をつかさどる大脳辺縁系である、と(『How great leaders inspire action』Simon Sinek)。

つまり、パッションがない仕事に関して、ぼくたちは適切な意思決定ができない可能性が高い、とも言えるわけです。みなさんも心当たりがありますよね?

自分の、そしてチームのパフォーマンスを上げるためにも、「なぜこれをやるのか?」を問い、パッションを共有することが欠かせないのです。

電柱型、鳥居型の人材になる

積極的にコラボレーションする。パッションベースの小さなチームで働く。スピーディにやる。自分たちで決める——。

そんな働き方が当たり前になる時代、ぼくたちはどんな「個」になればいいでしょうか？どうすれば、ただ企業や組織にしがみつくだけの「その他大勢」から抜け出すことができるでしょうか？

そのひとつの答えが、コラボレーションを重ねて自分が「ハブ人材」になることです。まず、「ハブ」についての理解を深めるために、人材のいくつかの「型」についてお話ししたいと思います。

デザイン思考家になるために最低限目指すべきスタイルは、「T型」の人間です。

縦線は自分のスキルです。マーケターでも教師でも放射線技師でも、まずはなにかひとつの分野で突き抜ける必要があります。「自分はなにができるか」という看板を明確にすべく、

スキルを深化していくのです。

この線がしっかりと太く、Tの字として自立する状態でいなければ、ほかのプロたちとコラボレーションできません。繰り返しになりますが、デザイン思考はふわふわと思いつきで発想を広げているわけではなく、メンバーそれぞれの専門分野が不可欠です。ファイナンスに関するプロジェクトをやるのにファイナンスに詳しいメンバーが一人もいなければ、実際のビジネスに使えるアイデアには辿り着けません。

そして、T字の横線は好奇心。興味の幅をあらわします。この横線を伸ばして「のりしろ」をつくり、左右にいる人（つまりほかの分野の人）とペタッとくっついてコラボレーションしていくわけです。「専門はマーケティングだけど、財務にもコミュニティ運営にも興味がある」というように。この横線を、ぼくは「適度なミーハーさ」と言っています。

「自分はデザイナーだけど、ＭＢＡってどんなことを学ぶんだろう？」

「自分は建築のプロだけど、じつは身体性にも興味があって演劇をはじめました！」

こうした好奇心の「幅」があるかどうかは、ＩＤＥＯの採用でもよく見ていました。自分の専門カテゴリーにしか興味を示さない人は、「のりしろ」の面積が小さい人。コラボレーション前提の組織では力を発揮できないタイプと言えるのです（「ミーハーさ」があるかどうかは、ちょっと会話をすれば案外すぐにわかるものです。最近読んだ本とか、気になる社会のニュースとか、チャレンジしてみたい仕事とか）。

また、これからの世界でより求められるのは、Ｔ型の進化形とも言える「Ｈ型」。これは早稲田大学ビジネススクールの入山章栄先生から伺った考え方で、「越境人材」です。

ベンチャー企業クラスタにも顔が利く一方で、金融業界のような伝統あるおカタい業界にも人脈がある。

医療系のアカデミアにも顔が広い一方、コンサルタントとしても活躍している。

いずれも、どちらかのネットワークを持つ人はごまんといます。でも、両方に精通してい

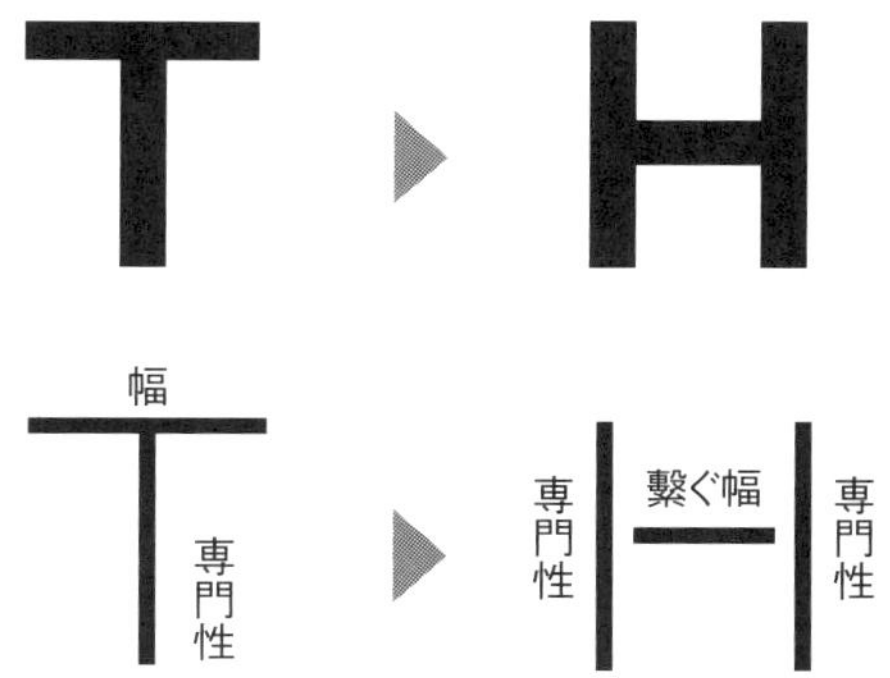

T型人材からH型人材へ

る人となるとほとんどいません。こうして「越境」することで、「ブローカー（結節点）」になることができる。ネットワーク上での希少価値がぐっと高まります。具体的に言えば、周りから注目されるし、おもしろい話も人もカネも集まってくるんですね。

この結節点に立つ人は、まったく異なる価値観や言語（サンフランシスコのベンチャーと日本の金融業界をイメージするとわかりやすいでしょう）を「翻訳」し、両者をつなげることができます。両者のネットワークの情報が常に入る状態になるし、ほかの人が得られない洞察を得ることもできるというわけです。

さて、T型、H型から発展して、さらにみな

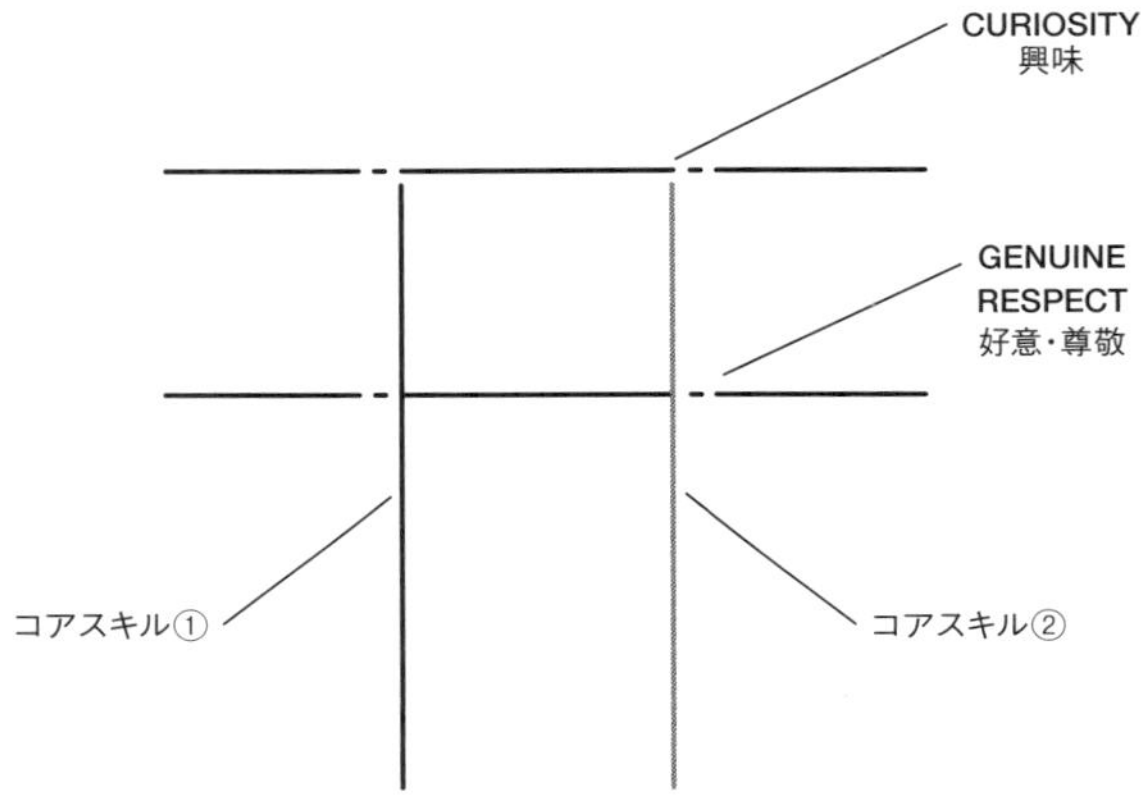

さんには「電柱型」、そして「鳥居型」まで目指してほしいとぼくは考えています。

「電柱型」は、T型の進化版。「激しくミーハーなタイプ」と言えるでしょう。「専門はプロダクトデザインだけど、ビジネスも、コミュニティ運営も、編集も、プロ野球も、めちゃめちゃ興味あるよ！」といった、とにかく幅広い知見を持つタイプです。どんな人ともコラボレーションすることができるため、あらゆるコミュニティからお呼びがかかるようになります。

そして「鳥居型」は、最強のタイプ。H型と電柱型を掛け合わせたタイプです。

鳥居型になると、電柱型のようにあらゆる分野の人とコラボレーションできるし、さらにお互いに接点がない業界（ネットワーク）の結節点となれます。平たく言えば、「引っ張りだこ」になるのです。

こうした人材になってコラボレーションを重ねていくと、いつの間にかたくさんの人とチームを組み、多くのコミュニティに顔が利くようになります。

最終的には、先ほど少し触れた「ハブ人材」になることができるのです。

複数コミュニティの「ハブ」になれ

いままでの社会では、基本的に「会社一本」で勝負しなければなりませんでした。それが、パッションやスキル、ミーハーさ、そしてSNSなどのおかげで個人が多くの人とコラボし、つながることができるようになっています。

その中でも、あらゆるコミュニティに属し、複数のネットワークの結節点となれる人材こそが、目指すべき「ハブ人材」です。

「ハブ人材」は、異なるネットワーク（企業、組織、業界など）をつなぐ、橋渡し的な役割を指します。A、B、C……と複数のネットワークの情報が交差する場所にいるため、知と知のあたらしい組み合わせも起こりやすい。情報の優位性を持ち、アイデアが生まれやすい。とても「トク」なポジションと言えるでしょう。実際、この場所にいる人は出世しやすく、収入も高いというデータもあります。

……と言うと、いわゆる「人脈術」のように聞こえるかもしれません。でも、ハブになるということは、純粋に人と人、スキルとスキル、知見と知見をつないでイノベーションを起こす人になるということ。人脈術にありがちな「自分がのし上がるために相手を使ってやろう」といった下心からは、遠く離れた考え方です。

ハブになるということは、自分の役割やワクワクする場所が社会にあり続けるということです。「しなければ」ではなく、「したい」あるいは「好きだ」でつながるさまざまな人やコミュニティ、プロジェクトの間に立ち続けることができるのですから。

確固たる看板スキルを持ちつつ、ミーハー力を武器にコラボレーションして、パッションでつながっていく。……これって、デザイン思考とまったく同じスタンスなんですよね。デザイン思考だって、同じ企業内で行わなければならないものではありません。いまは副業が認められつつあるし、SNSも活用できるし、社外に仲間を募りやすい時代です。

あらゆるコミュニティでチームを組み、デザイン思考を実行し、複数のプロジェクトを走らせた結果ハブ人材になっていた。これが、「デザイナー」のこれからの理想のキャリアと言えるかもしれません。

そんな生き方を目指すために、みなさんはなにをすべきか？
まずはある分野で圧倒的に突き抜けること、なのです。

終章

デザイン思考　日本人最強説

なぜ日本人は「デザイン思考最強」なのか？

日本のビジネスパーソンに、どうデザイン思考を伝え、日本企業にどうデザイン思考の文化を根づかせていけばいいのか。

そんな悩みを抱えながら、青山にあるちょっと高級な料亭に足を運んだときのことです。一皿目に運ばれてきた汁物をいただこうと割り箸に手をかけると、かすかにじんわり湿っていました。「なんだろう?」。疑問に思い理由を聞いてみると、こう返されました。

「箸が乾いていると汁気を吸い、かすかに味が残ってしまう。ほかの料理に影響を及ぼしてしまいますから、あらかじめ少しだけ湿らせているんです」

ぼくは、言葉を失ってしまいました。なんて細やかな職人の仕事だろう、なんて考え尽くされた体験のデザインだろうと感動してしまった。そして、自分が見落としてきた「日本的デザイン思考」の奥深さやその歴史に、軽くめまいを覚えました。

「高級店だからそんなことができるんでしょう?」。そう思われるかもしれません。でも、みなさんも次のような体験はしたことがあるはずです。

和食のお店に行くと、座敷に上がるときに脱いだ靴が、帰るときにはつま先を前にしてきれいに並べてある。それも、自分たちのグループの分だけ。

120円のジュースと160円のジュースが並んでいる自動販売機に150円を入れると、120円のジュースのボタンだけ光る。

旅館で食事に行き、お腹いっぱいになって戻ってきたらふかふかの布団が敷いてある。

……これらはすべて日本独自、あるいは日本で育った文化です。「先進国では当たり前のことじゃないの？」と思うかもしれませんが、諸外国ではほとんどお目にかかれない、超能力レベルの「おもてなし」。「日本あるある」としてネタになっているくらいで、なにひとつ普通のことではないのです（もちろんこうした文化が日本から「輸入」され、定着することはありますが）。

いまぼくが挙げたこれらの例には、共通点があります。それは、人を徹底的に「観察」しているということ。どうしたら人がよろこんでくれるかを考え抜いた結果生み出された、「人間中心」のデザインそのものなのです。

ぼくたち日本人は、子どものころからこうした極上のデザインを無意識に浴びてきています。街をぶらぶら歩き、ちょっとお店に入るだけで、無数の「人間中心の優しいデザイン」に触れているはず。この無自覚な「当たり前」をていねいに自覚していくことで、デザイン思考の腕前は大きく上がるはずです。

ここまで、デザイン思考をみなさんに身につけてもらうべくいろいろなお話をしてきました。ぼく自身もこれまでのキャリアを通じて、デザインの力を信じ、この国にデザイン思考の考え方を広めてきた自負を持っています。

でも、じつのところ、「日本のおもてなしには、デザイン思考以上のポテンシャルがあるんじゃないか？」と感じることは多々あります。なぜならその優しさは計り知れないし、驚くほど昔から日本人に根づいているものですから。

たとえば、次の有名な逸話をご存知でしょうか。

豊臣秀吉は鷹狩の帰り、喉の渇きを覚え、近くの寺に立ち寄った。寺の小姓は、まず大きな茶碗にぬるめのお茶を一杯淹れて差し出した。秀吉はそれを一気に飲み干し、もう一杯所望した。小姓ははじめより小さな椀に、やや熱めにした茶を出した。秀吉がもう一杯求めると、熱く淹れた茶を出した——。

説明するまでもありませんが、この話では「喉が渇いているときにはごくごく飲める温度のお茶をたっぷり出し、喉の渇きが癒えてきたら味わうためのアツアツのお茶を差し出した小姓の心遣い」を語っています。観察から導き出した自らの主観やアイデアを信じ、心憎いサービスをデザインしたこの小姓こそ、後の石田三成であった……という逸話ですね。一般に「阿吽《あうん》の呼吸」や「以心伝心」と呼ばれるようなこうした心遣いも、すべては「人間中心」のユーザーエクスペリエンスデザイン（ＵＸ）と言えるでしょう。

注目すべきは、これはおよそ４５０年前の話だということ。一方のデザイン思考の歴史は、せいぜい30年程度。先ほどの「日本あるある」の例とあわせて、なぜ日本でデザイン思考という概念が生まれなかったのかとぼくが悔しがる気持ち、わかりますよね？

海外の人たちが努力して身につける能力を、自分たちはごく自然に身につけている。もっと言えばＤＮＡレベルで組み込まれている。

日本人は、「最強のデザイン思考家」になるポテンシャルを秘めているんです。

しかし、そのポテンシャルも、いつまでも保ち続けられるかわかりません。ぼくが懸念しているのは、合理的で均一的なマニュアル文化の浸透によって日本の「優しい文化」が失われてしまうことです。

たとえばみなさんも、コンビニやレストランなどで「なんて融通が利かないんだろう」と感じるときがありませんか？　どうも杓子定規な応対だな、と。これは店員が（というより店長やオーナーが）、目の前の「人」をサーブすることより店舗運営の効率を重視しているから起こること。「人間中心」ではない、ということなんですね。

一方で、アメリカからやってきたスターバックスコーヒーが「一人ひとりのスタッフが目の前のお客様のことを考えて行動する」という一見非合理的な方針を打ち出し、とても心地よいカフェ体験を提供していたりする。なんとも日本らしい「人間中心」の行動指針が逆輸入されているわけです。

「昔はいい国だった」とは、言われたくない。東京オリンピックを控えたいまこそ、モノやサービスを問わず、あらゆる「優しさ」を見直すチャンスです。訪日外国人が感動し、持ち帰り、シェアしてくれるのは、「こんなのはじめて！」という「体験のデザイン」なのですから。

日本に欠如している「パッケージ化する力」とは？

日本人は、デザイン思考的な発想を少なくとも４５０年前から身につけていた。諸外国の人が努力して身につける観察力やデザイン思考だが、ぼくたちの身体にはすでに染みついているのだ。――先ほどこんなお話をしましたが、ここでひとつ疑問が浮かびますよね。

これほどにもデザイン思考的な文化が定着していながら、なぜ「デザイン思考」は日本発のメソッドとならなかったのでしょうか？

これはひとえに「パッケージ化する力」の欠如によるものだ、とぼくは考えています。

パッケージ化とは、なにか？　具体的に、「サーキュラー・エコノミー（循環型経済）」という概念を使ってご説明しましょう。

サーキュラー・エコノミーはその名のとおり、いままでの「消費」で終わるビジネスモデルから、資源を効率的に使い、可能なかぎり廃棄物を出さず再利用していく経済活動のことを指します。地球環境に配慮したビジネスモデルへの移行を掲げている、比較的あたらしい概念です。

ＩＤＥＯではこの概念を広めていくために「サーキュラー・デザイン・ガイド」、つまり循環型経済におけるルールブックを作成。「観察」の範囲を拡張し、人だけでなく環境や自然など「全体」を見るための具体的なメソッドをグローバルに発信しています。

さて、ぼくがこの「サーキュラー・エコノミー」の概念をはじめて聞いたときにまず思い出したのが、「伊勢神宮」でした。

伊勢神宮といえば20年ごとに遷宮されることで知られていますが、社殿はそのたびに取り壊されます。しかしたった20年ですから、使われている木材はまだまだ現役。しかもこれらは、きわめて良質な木材。そのまま廃棄するのはもったいないわけです。

そこで、社殿を解体したあとの古材を「循環」させていくのが、我らがご先祖様の編み出した方法でした。古材を全国の神社に回し、社殿や鳥居の改築などに再利用する。一度伐採した木材を伊勢神宮で20年、次の神社で数十年利用することで、そのほかの良質な木をむやみに伐採せずに済む。「人間も自然の一部に過ぎない。感謝して、なるべくムダを出さないように」。――この考え方こそ、サーキュラー・エコノミーそのものです。つまり日本人は、古くから「循環型経済」に触れ続けていたということですね。

しかし残念ながら、「サーキュラー・エコノミー」「サーキュラー・デザイン」というパッケージをつくり出したのは、日本ではありません。アメリカです（Kenneth E. Boulding, 1966, Open Economy）。せっかく自分たち独自の文化として持っていたのに、「輸出」することができなかった。それどころか、いただきものの概念として「輸入」することになってしまったんです（個人的には、「サーキュラー・エコノミー」「サーキュラー・デザイン」は、かなり日本にインスパイアされて生まれた考え方だと感じています）。

では、伊勢神宮の「古材の再利用」という事例をどのように捉えていたら、ほかの人も活用可能なかたちにパッケージ化できたのでしょうか？　次の4つのプロセスをご覧ください。

・抽出「なにをやっているのか？」
↓ムダを出さないよう、木材を繰り返し使っている
・抽象化「つまりどういうことか？」
↓人間だけでなく自然や地球を尊重し、資源を循環させている
・構造化「この仕組みをほかの分野にも転用できないか？」
↓ビジネス（経済活動）において、生産に際して生じたさまざまな資源やエネルギーを循環させ、地球全体を意識する
・名づけ「どんなラベルを貼って売り出す？」
↓「サーキュラー・エコノミー」と名づけよう

そしてさらに、「これがこれからのグローバル・スタンダードですよ、詳しくは『サーキュラー・デザイン・ガイド』を読んでくださいね」と世界へ発信していくわけです。

もし、アメリカやイギリスが日本だったら。……というのはヘンな言い方ですが、自分たちが持っている「お伊勢さんの古材」というエピソードに目をつけ、もう何十年か前に「サーキュラー・エコノミー」という概念をパッケージ化していたでしょう（とくにイギリスはパッケージ化が巧みな国です。その理由については後述します）。

あるいは、外宮《げくう》や内宮《ないくう》の回り方や静謐な空間のつくり方などありとあらゆる要素を抽出し、「非日常を感じさせる体験のデザイン」といったパッケージをつくって輸出していたかもしれません。実際、「サービスデザイン」というパッケージをつくったのはイギリスですしね。それを世界中のホテルや旅館、美術館、観光地などが、こぞって参考にしていたでしょう。

デザイン思考も、これとまったく同じ構図です。日本ももともと持っていた文化だったのに、「パッケージ化する力」の欠如によって、アメリカ発のあたらしい思考法として迎え入れることになってしまったというわけですね。

パッケージ化で、ルールメイカーを目指す

第4章で、日本企業でイノベーションが起きなかった理由についてお話ししたのを覚えて

いらっしゃるでしょうか。テレビを薄く見せることにこだわり、ポータブルプレイヤーの音質向上に邁進した。「問い」の質は低く、デザイナーの扱いも間違えていた、と。

しかしあれから20年近く経ち、日本はだいぶ変わってきました。「問い」の質も上がってきた。「このままじゃダメだ」という意識を持つビジネスパーソンも増えた。東京大学でデザインを学べるようになった（「i.school」）。ＩＤＥＯ内でも「日本はいい感じに変化している」と評されていました。

しかし、日本はまだまだ国際的な存在感を出せずにいます。これはなぜでしょうか？

それは、ひとえに「ルールをつくる側」に回っていないからではないか、とぼくは考えています。決して地理的条件でも、言語的制約のせいでもないのです。

ルールをつくる側、すなわち「ルールメイカー」になるということは、いわばゲームの主催者になるということ。ＩＤＥＯにおける「デザイン思考」や「サーキュラー・デザイン」のように、「本家本元」になれるということです。逆に言えば、ルールを享受してプレイする「ルールテイカー」は、参加者に過ぎません。

日本人は、基本的にクラフトマンです。ひとつの仕事にまじめに打ち込み、クオリティを極限まで引き上げることは大の得意。だから、他国がつくったルールを受け入れ、適応して、その中で最高のクオリティを目指すことで成長してきました。しかし、それではいつまで経っても「優秀なルールテイカー」にしかなれないのではないでしょうか。

ではいったい、どうすれば「ルールをつくる側」になれるのか。

その答えは、あたらしい思想や概念をパッケージ化することかもしれません。これからぼくたちがパッケージ化、そして「輸出」まで意識できたら、グローバルにおける日本の存在感はだいぶ違ったものになるはず。

だって、そのパッケージにおけるルールは、パッケージ化した人がつくるのですから。パッケージ化を進めるということは、グローバルに通用するルールのつくり手になっていくということなんですから。

自分を観察し、日常を観察し、文化を観察する。主観を使い、要素を抽出し、構造化する。——デザイン思考を実践する上で身につくスキルは、そのままパッケージ化に活かすことができます。

デザイン思考もパッケージ化も、いまはまだ日本に欠けている視点。でも、ポテンシャルは無尽蔵。日本はまだまだ可能性に満ちあふれていると、ぼくは感じています。

「カインドテクノロジー」で巻き返せ！

話を本章の冒頭の「日本人とデザイン」に戻しましょう。

いままで、日本人の「人に優しい」「空気を読む」といった気質やクラフトマン的性質は、ビジネスの場では不利に働くこともありました。周りを慮り顔色をうかがうことは意思決定の上で非合理的ですし、ひとつの作業に没頭しとことんクオリティを上げれば、必然的にスピードも落ちてしまいますから。

しかし、これからの時代は、そんな気質や性質こそ力を発揮できる。強力な武器になるのです。

ぼくがそんな思いをはっきりと持つきっかけとなったのは、「Google Now」の登場でした。

「Google Now」は、いまこの場所にいるユーザーに有益な情報を教えてくれる「バーチャルアシスタント」と呼ばれるサービスです。同じくアシスタント的な機能を持つAppleのSiriがこちらから話しかけなければ作動しないのに対し、ユーザーがその日なにをするか、どこにいるかなどを把握し、先回りして情報を伝えてくれます。

たとえば、次の予定の時間と経路を計算して「そろそろ出発しましょう」と教えてくれる。たまたま訪れた場所で花火大会が開催されると教えてくれる。カレンダーや検索履歴、ネットショッピングのトラッキングなどあらゆるデータを使い、ユーザーが必要な情報を通知してくれるのです。

……なんだか、すき焼き屋で客の会話を邪魔せず、絶妙なタイミングで料理を出しつつ説明してくれる、ものすごく空気の読める仲居さんみたいですよね？「人」を観察し、なにを求めているか見極め、未来を読み解く。そんな日本人的アプローチがきわめて有効な分野なのです。

ほかのどの国にもないサービス精神を、いかにテクノロジーと掛け合わせるか？ここに、日本の伸びしろが眠っていると信じています。ちなみにこのトピックは、Googleのカンファレンスでもお話ししたのですが、かなり盛り上がりました。未来を見据えている人ほど、日本の可能性を買っているのかもしれません。

ここで、ぼくが提案したいひとつの「パッケージ」があります。

それが、「優しさ」や「おもてなし」といった日本人ならではの感性に、ロボットやＡＩといった最新テクノロジーを組み合わせた、「カインドテクノロジー」。うまくいけば、日本のお家芸になる可能性を秘めていると考えています。
「カインドテクノロジー」のパッケージ化の流れは、次のとおりです。

【すき焼き屋の仲居さんからのパッケージ化】

・抽出「なにをやっているのか？」
↓会話を邪魔しないよう控えめに、しかし的確に材料を説明し、肉をちょうどいいタイミングで鍋から取り出してくれる
・抽象化「つまりどういうことか？」
↓空気を読み、相手の心地よいタイミングを見計らってコミュニケーションを取ってくれる
・構造化「この仕組みをほかの分野にも転用できないか？」
↓AIに搭載することで、空気を読んだコミュニケーションができる優しいロボットがつくれるのではないか？
・名づけ「どんなラベルを貼って売り出す？」
↓「カインドテクノロジー」と名づけよう

「カインドテクノロジー」とは、どのようなものでしょうか。

たとえば、以前ソフトバンクで講演したときは、「ドラえもん」はカインドテクノロジーの見本のような存在だとお話ししました。なぜならドラえもんは、「のび太君（人間）をよりよい人間にしてあげたい」という思いを持っているロボットだから。ロボットなのに、人間的な成長へと導いてくれるんですね。

ドラえもんはのび太君がサボったり言い訳したりしたら、叱ってくれます（なんだかんだでひみつ道具は出してくれるけれど）。対等に遊ぶし、一緒に食卓を囲むし、手を取り合って冒険する。――ぼくたちにとっては、まったく不思議な関係ではありませんよね。

でも、グローバルから見ると、これらは「ロボットの仕事」ではありません。たとえば欧米的な発想に基づいたら、ドラえもんはのび太君（人間）のピンチに現れる、純粋な「お助けロボット」になるでしょう。宿題を教えたり、部屋の片付けを手伝ったり、買い物に行ったり。ジャイアンはのび太をいじめるたびに、ボコボコにされる。どら焼きではなく、電気を「食べる」。そもそも、もう少し移動効率のよさそうな、ロボットらしい体型をしているはずです。ネコ型である必然性がありませんからね。

つまり、グローバル基準で言うところの「ロボットらしいロボットさ」が、ドラえもんにはほとんどないわけです。きわめて人間らしい、優しいロボット観――まさに「カインドテクノロジー」が凝縮されています。

自分を成長させてくれる。本当の友だちになれる。そして、いざというときは助けてくれる。

「カインドテクノロジー」に則ったあたらしいロボットのスタンダードをつくれたら、かなりおもしろくなりそうではないでしょうか。

実際、世界最大の家電の見本市「ＣＥＳ（コンシューマー・エレクトロニクス・ショー）２０１８」では、日本らしい優しさにテクノロジーを掛け合わせたロボットを見ることができました。

それが、世界初の二足歩行ロボット「ＡＳＩＭＯ」を開発した本田技研工業が発表した「３Ｅ－Ａ１８」。いかにも機械的な名前を持っていますが、落花生のようなかたちの、ほんわかした印象のロボットです。

「３Ｅ－Ａ１８」は人の腰ほどの高さで、従来のロボット感や機械感をそぎ落としたかたちをしています。手足や頭のない、曲線のつるんとしたボディ。ボディ上部に映し出される表情はとても豊かで、なんともかわいい。

さらに、欧米のロボットが軒並みプラスチックのような素材を使っている中、触れたときの心地よさも追求しています。触り心地もコミュニケーションも「優しい」のです。

もちろんスペックも申し分ありません。人の感情を認識した上でコミュニケーションを取ることができますし、どの方向からぶつかっても衝撃を受け流せるため、人と並んで移動することができる。高度なテクノロジーを搭載しています。まさに「優しさ」とテクノロジーとを掛け合わせた、日本ならではのロボットと言えるでしょう。

今後、この「優しさ」をもっと深掘りし、テクノロジーを洗練させていったら。「ロボットに仕事を奪われる」とは違う文脈の、あたらしいロボットが誕生するはずです。

クリエイティブ産業が、イギリスを救った

182ページでは「イギリスはパッケージ化が巧みな国」という話をしましたが、ここで少し、ぼくが延べ9年半過ごしたイギリスのお話をさせてください。

ご存知のとおり、イギリスはかつて重工業で栄えた国です。一度は社会保障政策の失敗などから「イギリス病」と揶揄されるまで落ちぶれながら、いま再びその存在感を世界に示しています。2012年のロンドンオリンピック・パラリンピックも、大成功のうちに幕を閉じました。

なにより、（もしかしたらあまりイメージがないかもしれませんが）イギリスはヨーロッパ随一、いや世界一のデザイン大国です。

デザイン会社はヨーロッパのほかの国の会社をあわせた数より多いし、デザイン系の教育機関も非常に充実している。世界中からデザインを学ぶために学生がやってきています。国全体でパッケージ化がうまいのも、デザイナーの視点を持っているビジネスパーソンが多いからでしょう。

しかしイギリスがそんなクリエイティブな国になったのは、ここ数十年のこと。簡単に言えば、「重工業の大国」から落ちぶれ、マーガレット・サッチャーが首相の時代に国全体でソフトパワーに舵を切ったからこそ、いまのイギリスがあるのです。

そして実際、数字の上でも「クリエイティブ産業」はいまやイギリスの主要産業となっています。クリエイティブ産業はイギリス全体の産業の成長率と比べても大きく成長していて、なんと、その産業が持つインパクトは金融産業に比肩すると言われているのです。

そもそも「クリエイティブ産業」は、イギリス発の概念です。そう、ここでもパッケージ化しているんです！

イギリスのデジタル・文化・メディア・スポーツ省が定義するところによると、「個人の創造性を起源とし、知的財産の展開および利用によって富と雇用を創出する可能性のある産業」。つまり、クリエイティビティがあること、儲かることが条件で、特定の業界を指定するものではありません。

こうしたクリエイティブ産業圏で働く人の割合は、イギリスの労働人口のおよそ12人に1人にのぼります。労働人口の8％というと、日本で言えば建設業（7・6％）よりも大きい数字です。イギリスでは、クリエイティブはビジネスそのものなのです。イギリスが「国際ソフトパワーランキング」のトップ5の常連となっていることも、国全体の「クリエイティブ産業推し」が大きく貢献していることは言うまでもありません。

また、イギリスにはクリエイティブ産業協議会（ＣＩＣ）なるものもあり、さらにこの勢いを加速させようと政府とタッグを組んでいます。２０２３年までに、クリエイティブ産業をなんと50％（！）伸ばすことを目標にしているというから驚きです。ソフトパワー、つまり「人の力」を売って外貨を稼ぐ戦略を取っているんですね。

一度は落ちぶれたイギリスが「元先進国」にならず、世界に存在感を示し続けていられるのは、クリエイティブという分野をおろそかにしなかったから。過去の栄光にスッパリと見切りをつけ、ソフトパワーという「伸びしろ」を見つけたからなのです。同じ天然資源にとぼしい島国として、日本が学ぶべきことは多いのではないでしょうか。

なぜマイナンバー制度はいまいちだったのか？

デザイン大国イギリスでは、企業があたらしいプロジェクトを立ち上げる場合、はじめからデザイナーが参加することがもはや当たり前になっています。

公的なサービス開発や街づくり、福祉といった分野でプロジェクトを担当できるデザイナーが組織にいない場合も、「じゃあデザイナーにはプランが固まってからオーダーしよう」とはなりません。ＩＤＥＯやＰＤＤのようなデザイン会社に依頼し、キックオフ前からプロジェクトに入ってもらうのです。実際、イギリスのヘルスケアや医療保険の仕組みづくりはLivework StudioやMethod Studiosなどのデザイン会社が請け負っています。民間から公まで、徹底して「サービスなくしてプロジェクトなし」の意識が根づいているんですね。

一方の日本では、残念ながら公共の制度設計にデザイン会社が介入することは、まだまだ一般的とは言えません。

たとえば日本のあたらしい公的サービスである、「マイナンバー制度」。

ペラペラの、一瞬で紛失してしまいそうな通知カードが郵送される。その通知カードをマイナンバーカードにチェンジしてもらうために、わざわざ役所に行かなければならない。しかも、いざ公的なやりとりをするときにはマイナンバーカード一枚では「絶対に」済まない――。

率直に言えば、大がかりなプロジェクトなのに、イケてないんです。

なぜこうなってしまったのでしょうか。制度設計した人がバカだったから？　とんでもありません。日本を代表する超優秀な方々が、真剣に議論を重ね、論理的に考え、煩雑な手続きを乗り越え、最良と思われる選択を重ねてきたはずです。

でも、致命的に、デザイン思考的な視点が欠けていた。あの信じられない使い勝手の悪さは、まったく「人間中心ではない」ことに起因しているのです。

マイナンバーを使うシチュエーションとは？　そのとき、その人はどういう行動をし、どういうふうに考えるか？　どんなニーズを抱えているか？……こうした、「人」が抱える課題がまったく考えられていない。「人間中心」じゃないから、きわめて中途半端なものになってしまったんですね。これはあくまで想像ですが、オペレーション中心、行政中心になってしまったのかもしれません。

もし、はじめから、つまり「問い」を決める前からＵＸデザイナーが参加していたり、プロジェクトにデザイン思考を取り入れたりしていたら、おそらく、いや絶対にマイナンバー制度は違ったかたちになっていたでしょう。

マイナンバー制度は、『人間中心』に考えるデザイナーのいないチームであたらしい制度をつくるとどうなってしまうか」のいい教訓。そうポジティブに捉え、次に活かしていかなければならないのです。

「イタリアになるか、イギリスになるか」

本章の最後に、これからの社会がどう進んでいくかを考えるヒントとして、こんな問いを投げかけてみたいと思います。

「イタリアになるか？　それとも、イギリスになるか？」

まず、イタリアが意味するところは、「クラフトマンと歴史」です。

イタリアはきわめて「アート的」な国です。つくられるプロダクトも個人の作家性、職人的な要素が強い。イギリスのように、個別の事象やプロセスをパッケージ化して輸出する取り組みはあまり盛んではありません。

また、歴史あるものこそがイタリアの資産であり、食い扶持とも言える部分です。みなさんがイタリアに行くとき、楽しみにするのはピサの斜塔やコロッセウム、真実の口、バチカン市国など、歴史や文化を感じられるものでしょう？　もちろんぼくも、イタリアのこうした文化財にはとても興味があります。しかしこれらは「すでに知っているもの」を確認しに行く、もっと言えば「売られている歴史を消費しに行く」感覚に近いわけです。

この「職人的なモノづくりで勝負する」「豊かな歴史で人を惹きつける」点において、日本はイタリアに「なりやすい」と言えるでしょう。

一方のイギリスは、「古さと新しさが混在している国」。

イギリスはここまでお話ししてきたように、デザイン的な感覚が研ぎ澄まされています。実際に住んでみて、（一度ダメになってしまった国としての反省もあるのかもしれませんが）国全体もビジネスパーソンも常にアップデートしている印象を受けました。

また、旅行するにしても、イタリアほど歴史に重きを置いた行程にはなりづらいのではないでしょうか？　バッキンガム宮殿で歴史も楽しみつつ、ビートルズの聖地を回ったり、ピーターラビット生誕の地に赴いたり。テート・モダンやサーペンタイン・ギャラリーといった、クリエイティブやアートの最先端も堪能するでしょう。

これからの日本は、イタリアとイギリス、どちらも目指すことができます。極端に言えば、過去で食っていくか未来で食っていくか、ということです。

ぼくは、イギリスを目指したい。長い歴史やすばらしい文化を持ちつつも、常にあたらしいものを期待して訪れられる国でありたい。

自分たちの魅力を見直して、クリエイティブで、利他的で、優しい日本人らしさをパッケージする。それを輸出することでルールメイカーとしての存在感を発揮し、世界から人がやってくる国にしたいのです。

ぼくたちは、「元製造業で大きく栄えた島国」イギリスに、もっとヒントを見つけられるはずです。経済大国としての曲がり角を曲がりきり、「成熟」どころか「完熟」社会に突入している日本だからこそ、「クリエイティブな国」として他国への影響力を持てるようになりたい。日本は、それができるポテンシャルがある国なのですから。

おわりに：日本再興は教育からはじまる

「読み・書き・そろばん＋デザイン」

パナソニック、PDD、IDEO Tokyo、BCG Digital Venturesを経て、独立。どんなかたちであれ、これからもデザインに携わっていきたいと考えているぼくが目指している、大きな目標があります。それは、日本のデザイン教育をアップデートさせ、デザインという行為に本当の意味での市民権を与えることです。

まず、「読み・書き・そろばん＋デザイン」という概念を広めたい。社会に出る前に身につける基礎能力のひとつに、デザインを加えたいのです。

クリエイティブが経済に与える影響を正しく見積もっているイギリスは、子供のクリエイティビティーを最重要点として捉え、初等教育からしっかり「アート＆デザイン」という授業を取り入れています。子どもは多くの美術館やギャラリーに無料で入場できますし、なにがデザインとして優れているか（または「見かけ倒し」なのか、自己表現に過ぎないのか）、日本人にとっての「読み・書き・そろばん」のように当たり前のスキルとしてデザイン思考がインストールされるのです。

さらに大学のような高等教育の場でも、「デザインとはなにか」「デザイナーの仕事とはなにか」をしっかり教え込まれます。色やかたちを決めることではなく世の中を見る感度を高めることがデザイン教育ですから（ぼくも最初の授業で「観察」について教わりました）、仕事をする上でも「そもそも自分たちがつくるべきものはなにか」とゼロから発想できるようになる。

一方の日本では、義務教育の「美術」の時間に「デザイン」の本質を教えられることはないし、美術大学と呼ばれているところも「色・かたちを整えるデザイナー養成学校」になっている場合が少なくありません。

「金属に似せた光沢を出せば、プラスチックでも高級感が出る」「このグラフィックは洗練された印象を与える」といった「どう見せるか」レベルの表現スキルをひたすら教える。デザイナーとして企業に就職させることをゴールとしているからです。

長いスパンの話になりますが、「デザイン教育」は今後、もっとかたちを変えていくべきです。

イギリスのように「クリエイティブ産業」を伸ばすためにも、全員が義務教育の中でデザインの本質を知る機会を与えられるべきだと思うのです。

デザインリテラシーを多くの人が身につければ身につけるほど、デザイン思考のスタンスである「建設的でポジティブな議論」がふつうにできる世の中になるはずです。そうなると、社会ははるかにスピーディに、よりよい方向に進むと思いませんか？


「読み・書き・そろばん＋デザイン」が広まれば、幸せな人も増えていくとぼくは考えています。


というのも、ぼくに「一度は日本企業に行ったほうがいい」と言ってくださった西堀さんは、同じときに「人生をデザインする」という考え方も教えてくださいました（まだ若造だったぼくは、この言葉の意味がピンと来ていませんでしたが）。

西堀さんは、当時からデザイナーとして活動する傍ら京都でカフェを経営したり、そこで使うプロダクトを自分で好きなようにデザインしたりされていました。自分が活躍する場をつくり出していらっしゃったんですね。

その後はAppleで大活躍され、ハワイに居を移された。生き方も働き方も、とても刺激的な素晴らしい方です。働き方改革、副業ＯＫ、自分の名前で働く、好きな場所で生きる……ようやく世の中が西堀さんの言葉に追いついてきた気すらします。

IDEO創業者のデビッド・ケリーも、著書『クリエイティブ・マインドセット』の中でこう述べています。

「デザイン思考家は、本棚の整理方法から仕事の説明の仕方まで、一回一回、意識的に新しい選択をする」

いま盛んに語られているような自由な働き方、生き方を人に先んじて西堀さんが実践されていたのは、まさに一流のデザイナーとして「意図を持って人生を選択」した結果ではないか、と思うわけです。

目の前の仕事も、あたらしい仕事も、人生も、自分でデザインする。それを可能にするためにも、デザイン思考が必要不可欠です。

そして日本人のみなさんには、その圧倒的なポテンシャルが眠っています。なぜなら、デザインとは、「なにかの価値を誰かのために生み出す行為」にほかならないからです。

この先の時代、手や頭ではなく、心で生み出すことに価値が生まれると思います。

物に溢れ、情報に溢れ、テクノロジーは身近になり、中央集権的な存在が力を持つ世の中は終わつつあります。そのような世の中では「〜しなければいけない」ではなく、「誰かのために〜したい」に価値の変換が起きるとぼくは考えています。そんな時代だからこそ、日本人はふたたび世界をインスパイアする存在になれるのではないかと、強く思うのです。その根拠となるのが、日本人に根付く「自利利他」の精神です。自利利他とは、自分自身のために努力すると同時に、他の人の役に立つ行いをすること。おもてなしは、まさにこの精神を反映しています。サービスの質をとことんまで追求し、お客様に尽くす――これは、まさに日本のお家芸と言えます。

日本でも近頃、「デザインと経営」、または、「Chief Design Officer」という言葉を目にする機会が増えてきました。ようやく日本が世界に追いついてきた証拠ですが、ぼくは日本人に潜在的に備わっている思いやりの心や、質をとことんまで追求する能力をもっと解き放ち、自由にしていきたい。

そうすれば、日本人をきっかけに世界をより魅力と刺激に溢れさせることができるし、デザインにおいても、日本が発信し、リードする立場になるとぼくは信じています。

デザインはみんなのものだ。誰かのために、なにかのために新しい価値を生み出す。デザインには、強くて優しい未来を創る力がある。

そんな思いを実現したくて、２０１７年に、日本を代表するデザインイベント「AnyTokyo」を立ち上げた田中雅人とともに、AnyProjectsをつくりました。その後、スイスにある世界的建築事務所「ヘルツォーク＆ド・ムーロン」出身の建築家・高橋真人、経済メディア「Forbes JAPAN」の副編集長兼ウェブ編集長を務めた九法崇雄、日本興業銀行やモルガン・スタンレー証券を経てフォートラベルＣＥＯ、グルーポン・ジャパンＣＯＯなどを務めた野田臣吾が加わり、２０１９年3月から5人のパートナーによる新生AnyProjectsをスタートさせます。彼らはいずれも、その道のプロフェッショナルでありながら、デザインの価値を信じている人たち。最高の仲間とともに、世界をインスパイアするようなモノやコトをつくることに挑戦します。

そして今回、「日本においてデザインの役割が、正しく理解される」「全員がデザイナーとなり、デザイン思考を武器に活躍し続ける」、そんな社会になることを願い、『HELLO, DESIGN』の出版に至りました。

執筆にあたって、左記の皆様に大きな感謝を伝えます。

はじまりは2017年10月。IDEO Tokyoへ遊びに来たメンバーと青山のお店で飲んでいるとき、ぼくは一人熱く、日本や世界におけるデザイン、伊勢神宮や八百万の神の関係性について語っていました。そんなぼくに、興味津々で面白いと感じてくださったのが同席していたNewsPicksの野村さん、佐久間さん、河嶋さん、そして、幻冬舎の箕輪さんでした。

その後、出版が決まってからは、なかなか文章が進まないぼくを諦めずに、ときには雲も摑むような話にお付き合いし続けてくれたNewsPicksの野村さん、本当にありがとう。文章を書き上げるにあたり、かなり難解な話を取材なども通して深く理解して、ぼくの意図をブレないように纏めてくれた田中裕子さん無しでは、この本が日の目を見ることはなかったのではないでしょうか。

なによりも最初の企画段階から、直感的に興味を示してくれて、最後の最後まで妥協なく並走し続け、ぼくらしさを突き詰められるようにサポートしてくださった幻冬舎の箕輪さん、山口奈緒子さん、箕輪編集室の方たちに感謝します。

また、デザインを通して、この本を作るきっかけに繋がる多くの刺激や成長の機会を与えてくれたＩＤＥＯの仲間たちと、新しい価値作りにお付き合いいただいたクライアント、チームの方々。日々、ぼくの悩みや話に惜しみなく付き合ってくれた家族と、いつも落ち着きのないぼくに付き合ってくれた愛する人に感謝します。

そして、最後に、忌憚のない愛のある言葉で、常に私に勇気を与えてくれた、これから新しい価値を一緒に作っていくAnyの仲間たち。この本へ込めた思いが、少しでもみんなの刺激やなにか新しい行動、創出活動や優しさに繋がっていけば嬉しいです。

最後に、この本を手に取ってくださったすべての方々へ、心から感謝を伝えたいと思います。

ありがとうございました。

これからも応援よろしくお願い致します。

装幀　トサカデザイン
　　　石川俊祐
イラスト　片山由貴
編集協力　野村高文（NewsPicks編集部）
　　　田中裕子（batons）
編集　箕輪厚介（幻冬舎）
　　　山口奈緒子（幻冬舎）

HELLO, DESIGN
日本人とデザイン

2019年3月5日　第1刷発行

著者
石川俊祐

発行者
見城 徹

発行所
株式会社 幻冬舎
〒151-0051 東京都渋谷区千駄ヶ谷4-9-7
電話　03(5411)6211［編集］
　　　03(5411)6222［営業］
振替　00120-8-767643

印刷・製本所
中央精版印刷株式会社

ISBN978-4-344-03444-0　C0095
幻冬舎ホームページアドレス
http://www.gentosha.co.jp/

この本に関するご意見・ご感想をメールで
お寄せいただく場合は、
comment@gentosha.co.jpまで。